产业扶贫贡献研究

CHANYE FUPIN GONGXIAN YANJIU

李 芸　左常升　吴 华　张 姝　吕开宇　著

中国农业出版社
北　京

图书在版编目（CIP）数据

产业扶贫贡献研究 / 李芸等著．—北京：中国农业出版社，2021.5
ISBN 978-7-109-28223-0

Ⅰ.①产… Ⅱ.①李… Ⅲ.①扶贫—研究报告—中国 Ⅳ.①F126

中国版本图书馆 CIP 数据核字（2021）第 084652 号

中国农业出版社出版
地址：北京市朝阳区麦子店街 18 号楼
邮编：100125
责任编辑：姚　红　　文字编辑：王佳欣
版式设计：王　晨　　责任校对：沙凯霖
印刷：北京中兴印刷有限公司
版次：2021 年 5 月第 1 版
印次：2021 年 5 月北京第 1 次印刷
发行：新华书店北京发行所
开本：700mm×1000mm　1/16
印张：13.25
字数：180 千字
定价：68.00 元

项目支持：

国务院扶贫开发领导小组办公室项目“产业扶贫贡献率研究”

中国农业科学院科技创新工程项目（ASTIP－IAED－2021－03）

课 题 组 名 单

组　　长：左常升　吴　华　吕开宇

成　　员：李　芸　张　姝　谢玲红　张崇尚

丁永潮　宋　丽　王菲菲　陈梓方

高　辉　周　翔　李茂林　李新庚

前言 FOREWORD

2015年，中共中央、国务院下发的《中共中央　国务院关于打赢脱贫攻坚战的决定》将“发展特色产业脱贫”作为实施精准扶贫方略的重要内容，并将贫困村、贫困户发展种养业和传统手工业等、贫困地区发展农产品加工业、一二三产业融合发展、乡村旅游扶贫工程等作为支持重点。习近平总书记多次强调“发展产业是实现脱贫的根本之策”“要把培育产业作为推动脱贫攻坚的根本出路”。脱贫攻坚战打响以来，全国认真贯彻落实习近平总书记关于扶贫工作的重要论述和重要讲话精神，贯彻落实党中央、国务院关于打赢脱贫攻坚战三年行动的决策部署，贫困地区坚持精准扶贫精准脱贫基本方略，把发展产业作为实现脱贫的根本之策，如期高质量完成脱贫攻坚目标任务。

尽管当前对产业扶贫的贡献已有不少定性的评价，但产业扶贫的贡献该如何衡量测算？贡献到底有多大？截至目前，无论是政界还是学界，还缺乏对上述问题的精确回应。对产业扶贫贡献进行系统梳理和科学测算，无论是基于总结历史政策还是延续未来政策，都显得尤为重要而迫切。2020年是全面打赢脱贫攻坚战收官之年，通过开展规范且系统的专题调研和数据分析，客观地做好产业扶贫的历史贡献的评价，成为产业扶贫历史性总结和脱贫攻坚成效总结不可缺少的重要组成。为此，国务院扶贫办开发指导司2020年委托中国农业科学院农业经济与发展研究所组建《产业扶贫贡献研究》课题组（以下简称“课题组”），组织开展了产业扶贫贡献的研究。

课题组在综合考虑国家扶贫开发工作重点县、连片特困地区、民族贫困地区在各省份的分布，最终选取了河北、甘肃、陕西、湖南、四川、贵州、云南7个省的28个样本县，涵盖深度贫困县16个、民族地区贫困县7个；涉及燕山—太行山区、六盘山区、秦巴山区、武陵山区、乌蒙山区、滇桂黔石漠化区和滇西边境山区7个连片特困地区。每个县选取4个样本村、每个村选取10户农户，共112个行政村、1 120户农户，其中建档立卡贫困户886户。调研内容包括了2015—2019年期间产业扶贫政策支持、产业扶贫投入、产业发展及带贫减贫的情况。

本研究对产业扶贫贡献研究进行了初步探索，在研究思路上，从县、村、户三个方面对产业扶贫贡献进行了全方位测算，填补了系统全面研究产业扶贫贡献的空白；研究方法上，将贡献研究与产业扶贫理论有机结合，运用计量经济学方法和统计学方法尝试性地测算了产业扶贫贡献，结果更直观。但限于时间和投入，本研究还存在着县域样本不大、模型控制变量偏少等不足之处。未来，通过更多的样本和更丰富的指标数据，可进一步优化计量模型，获得更为精确的估计。

课题研究过程中，湖南农业大学孙艳华教授参与预调研并为完善问卷提出了有针对性的建议。在对河北、甘肃、陕西、湖南、四川、贵州和云南等地进行问卷调查期间，各地扶贫部门、扶贫干部给予了大力协助与支持，使得疫情之下问卷调查及样本量满足了研究需要。

课题评审过程中，中国社会科学院陈劲松研究员、中国农业大学国家农业市场研究中心主任韩一军教授、北京师范大学张琦教授、上海国家会计学院刘梅玲副教授、山西省扶贫办刘志杰主任认真审阅了课题研究成果，并提出了许多进一步修改与完善的宝贵意见。

在本书付梓之际，课题组对所有参与课题研究和为课题完成提供指导和帮助的朋友们表示最真诚的感谢。

课题组

2021年1月

摘要 ABSTRACT

产业扶贫作为脱贫攻坚"五个一批"之首，其历史意义和攻坚贡献得到了社会各界的充分肯定。产业扶贫是脱贫攻坚的基础和支柱，也是贫困地区实现乡村振兴的关键所在和重要抓手。习近平总书记多次强调"发展产业是实现脱贫的根本之策""要把培育产业作为推动脱贫攻坚的根本出路"。尽管当前对产业扶贫的贡献已有不少定性评价，但产业扶贫的贡献应如何衡量测算？贡献到底有多大？截至目前，无论是政界还是学界，还缺乏对上述问题的精确回应。对产业扶贫贡献率进行系统梳理和科学测算，无论是基于总结历史政策还是延续未来政策，都显得尤为重要且迫切。2020 年是全面打赢脱贫攻坚战收官之年，通过开展规范且系统的专题调研和数据分析，客观地做好产业扶贫的历史贡献的评价，成为产业扶贫历史性总结和脱贫攻坚战成果总结不可缺少的重要组成。为此，受国务院扶贫办开发指导司委托，中国农业科学院农业经济与发展研究所承担了产业扶贫贡献率的研究任务。

一、研究方法与抽样

在开展产业扶贫贡献率测算之前，有必要明晰产业扶贫作用的机制。在县域层面，通过改善产业基础设施，优化发展环境，增加要素投入，科学选择培育主导产业和经营主体，促进了产业发展、增加了本地就业机会，促进了县域经济增长和农民增收。在行政村层面，通过增加公共投入，改善产业基础设施，扶持农户发展生产，培育支柱产业，促进村庄经济发展和集体经济收入的增长。在农户层面，通过直接带动贫困户经营产业，增加其经营性收入；通过给贫困劳动力提供就业机会，增加其工资性收入；通过租用或吸收贫困户的土地、资金等资产入股产业发展，增加其财产性收入；通过给贫困户发放政策性生产补贴，增加其转移性收入。

在明晰产业扶贫作用机理的基础上，课题组采用定性定量相结合的方法，在前期案头研究的基础上，坚持"概念明确、方法科学"的原则，于 2020 年 5～6 月，详细梳理了贡献率研究的方案指标并设计出对应的调研问卷；同年 7 月在湖南省开展了实地预调研，对调查问卷、调研流程进行了优化；同年 8 月在抽取河北等7省28县样本地区基础上，对样本县的调查员进行网上调查培训，累计培训160余人次。各地调查员克服疫情影响顺利完成了样本县、样本村和样本户的问卷数据采集。最终，课题组获得有效县级样本28份、行政村样本112份、农户样本1 120份。课题组基于一手抽样调查数据，对2015—2019年期间样本贫困地区产业扶贫的贡献率进行系统测算，并提出了相关政策建议。

二、全国产业扶贫概况

从全国层面看，脱贫攻坚战中产业扶贫投入力度空前，总体成效显著。“十三五”以来，国家和各级政府对贫困地区特色产业发展政策支持力度不断加大。一方面，财政金融保险等资金投入力度之大前所未有。其中，中央财政专项扶贫资金连续5年每年安排200亿元，贫困县统筹整合财政涉农资金用于产业发展的资金占到中央财政扶贫资金整体的35%；另一方面，以科技服务、产销衔接、带贫主体培育等为重点加大对扶贫产业的扶持。产业扶贫成绩斐然，贫困地区产业发展基础条件大为改善，特色产业发展初见成效。据建档立卡贫困户统计数据显示，全国贫困人口中有92%参与了产业扶贫，已脱贫的9 000多万人中有72%得到了产业扶贫政策措施的支持。

三、产业扶贫县域贡献率

在产业扶贫高强度投入下，贫困地区产业发展基础不断夯实。

1.“一村一品”特色产业基地初步建成，有三分之一的贫困县完成了基地建设

课题组对7省28个样本县调研数据显示，仅2019年，县均财政投入产业扶贫资金达到2.7亿元；2019年，县均特色产业基地510.8个，建有“一村一品”特色产业基地的贫困村占比达到35.1%。

2. 产业发展主体规模不断壮大，带动和服务贫困群众的能力逐步增强

2019年，县均拥有新型农业经营主体948家，其平均带动的贫困人口高达6.8万人；农业社会化服务组织不断壮大，贫困人口每万人拥有的农业生产社会化服务组织为12.5个。2019年，龙头企业、农民专业合作社、家庭农场、社会化服务组织带动贫困人口人均增收分别为1 583.61元、1 068.74元、845.11元和654.3元。

3. 产业发展科技服务水平提高，产业发展能力增强

2019年，贫困户每万人拥有农技员45.3人，较2015年增长25%；贫困户每万人拥有产业发展指导员45.5个。农技人员、产业发展指导员为贫困群众、各类新型农业经营主体发展产业提供了技术指导和培训，产业发展能力得到显著提升。

4. 产业发展质量得到增强，业态逐步多元化，品牌建设水平不断提升

样本县特色产业发展虽然仍以种植和养殖为主，但特色手工、休闲农业与乡村旅游、农产品加工等特色产业发展稳步提升，2019年基地数量相比2015年增长了13%；2019年，县均拥有注册商标品牌203.2个、电商服务站168.9个，分别是2015年的2.3倍、8.7倍；电商销售额占农产品总销售额的比重从2015年的1.8%提高到2019年的12.63%。

5. 产业贡献的作用得到不断发挥，地方经济实力不断壮大，带贫益贫效果不断显现

2015—2019年期间，县均农业总产值增幅为33.1%，超过全国同期农业总产值21.6%的增长水平。自脱贫攻坚战打响到2019年期间，通过发展产业实现脱贫的贫困户占建档立卡贫困户总户数的60.1%。

基于7省28县的调查数据，计量模型回归结果显示，2015—2019年期间，产业扶贫财政投入每增加1%，可带来县域农业生产总值0.030%的增长和农民收入0.040%的增长，通过产业发展实现脱贫的贫困人口数增加0.89%。进一步测算显示，产业扶贫财政资金对县域农业生产总值增长的贡献率为18.2%，对农村居民人均可支配收入增加的贡献率为18.1%，对通过发展产业实现贫困人口下降的贡献率为33.4%。

四、产业扶贫行政村贡献率

得益于多年来产业扶贫的政策扶持和资金投入，贫困地区乡村产业发展方兴未艾，成效显著。课题组对112个行政村的抽样调查统计结果表明：

1. 支柱产业数量有所增加

2019年，贫困地区95.5%的样本村已经形成稳定的支柱产业，比2015年提高了31个百分点；村均拥有支柱产业2.4个，比2015年多了1.4个。

2. 支柱产业中新型农业经营主体数量增加，产业发展的组织化程度明显提升

2019年，97.3%的样本村产业发展有企业、农民专业合作社等新型农业经营主体引领发展，村均拥有新型农业经营主体的数量为4.1个，比2015年多了2.8个；农民专业合作社、企业对贫困户的带动覆盖面分别达到82%、59%。2019年，建档立卡贫困户的入社率为85.7%，比2015年提高了60个百分点。

3. 支柱产业带贫减贫能力有提高

2019 年，参与村支柱产业经营的农户占本村常住户比重为 65.8%。其中，48.1%的本村参与户为建档立卡贫困户。村支柱产业平均为本村 23%的劳动力提供了就业，就业劳动力中 45.4%为贫困劳动力；相比 2015 年，村平均就业人数翻了一番，劳动力从业率提高了 14 个百分点。

4. 支柱产业发展水平有提高

2019 年，样本村均支柱产业年度总产值为 1 061 万元，年度总销售额为 901 万元，扣除价格因素，分别比 2015 年实际增长了 112.2%、105.7%。样本村平均拥有品牌数量为 1.6 个，虽然仍有 41%的样本村产业没有品牌或商标，但比 2015 年下降了 37 个百分点。

5. 行政村支柱产业对集体经济的贡献率有提高

产业扶贫对村集体经济收入的贡献包括两部分，其一是集体产业的经营性收入，其二是集体资产入股产业获得分红、集体资产出租获得的租金等财产性收入。2019 年，产业收入对村集体经济收入的贡献率为 28.2%，比 2015 年提高了 9.5 个百分点。2015—2019 年期间，样本行政村的集体经济收入从 6.7 万元增加到 53.9 万元，产业相关收入对同时期集体经济收入增长的贡献率为 29%。

五、产业扶贫对农户的贡献率

发展产业带来贫困户相关收入的增加，是产业扶贫贡献在农户层面最直观的体现。

1. 贫困户家庭人均可支配收入快速提高

课题组对 7 省 28 县 1 120 户农户的调查数据显示，2019 年建档立卡贫困户人均可支配收入为 10 534 元，扣除价格因素，2015—2019 年期间年均实际增速为 25.3%，显著高于同期全国贫困地区农民收入增速。

2. 产业扶贫对贫困户收入的贡献率提高了 16 个百分点

2019 年，产业扶贫对建档立卡贫困户的收入贡献为 3 862 元，占全部收入的 37%。产业扶贫对贫困户人均可支配收入的贡献率从 2015 年的 21%，提高到 2019 年的 37%。

3. 近一半的贫困户收入增加来自产业扶贫的贡献

按 2019 年可比价格，2015—2019 年期间，贫困户人均可支配收入实际增长了 6 254 元，其中产业贡献收入增长了 2 975 元，产业扶贫对 2015—2019 年期间贫困户收入增长的贡献率为47.6%。其中，产业扶贫的增收贡献主要来自经营收入和工资收入，分别占产业增收贡献的56.5%和33.0%。

4. 非贫困户同样受益匪浅

产业扶贫同样也惠及了贫困地区的非贫困户，产业扶贫对非贫困户2019年人均可支配收入的贡献率为33%，仅比对贫困户的贡献率低4个百分点；产业扶贫对2015—2019年期间非贫困户收入增长的贡献率为52.3%。此次调查结果同时显示，农户层面的产业扶贫贡献率在深度贫困地区、民族贫困地区等区域间无明显差异。

需要看到，尽管产业扶贫取得了可喜的成绩，在脱贫攻坚战中发挥了显著作用，但贫困地区产业发展仍面临诸多的问题。如调查数据显示，2019年，仍有6%的样本贫困村尚未形成稳定的支柱产业，49%的贫困村支柱产业年度产值不足500万元，仍有4%的样本贫困村产业发展中缺乏农民专业合作社、企业等新型农业经营主体的带动，说明贫困地区的乡村产业尚处于起步阶段，产业基础尚不牢靠，产业发展散小弱的局面仍待打破，产业联农带贫能力与贫困地区干部群众的期望还有一定的差距。

六、对策建议

脱贫地区产业稳定可持续发展既是巩固拓展脱贫攻坚成果的需要，也是稳步推进脱贫地区乡村振兴的需要。2020年后产业扶贫发展将面临脱贫攻坚战胜利收官、乡村振兴战略推进、“双循环”新发展格局等新的形势，脱贫地区产业发展需要重点抓好产业与市场、产业链上下游之间、四类经营主体之间、资源利用与生态保护四大关系。课题组建议，“十四五”期间，脱贫地区要通过发展壮大龙头企业等新型农业经营主体，提高带贫实效；创新流通方式，积极拓展产销衔接；强化科技创新，支撑特色产业高质量发展；持续聚焦发展短板，加大政策倾斜力度，推动乡村产业发展壮大，以产业发展促进脱贫攻坚成果的巩固拓展。

需要指出的是，尽管本研究在研究思路和研究方法有所创新，即研究思路上，从县、村、户三个方面对产业扶贫贡献进行了全方位的考察和测算，填补了系统全面研究产业扶贫贡献率的空白；研究方法上，将贡献率研究与产业扶贫理论有机结合，运用计量经济学方法和统计学方法尝试性测算了产业扶贫贡献率，结果更直观、更科学。但限于时间和投入，本研究还存在着县域样本不大、模型控制变量偏少等不足之处。未来，如能获得更多的样本和更丰富的指标数据，可进一步优化计量模型，得到更为精确的结果。

目录 CONTENTS

第一章 导 论

一、研究背景

（一）问题的提出

贫困地区产业发展是决胜脱贫攻坚战和稳步推进2020年后乡村振兴的重要支撑。经过多年的发展，农村产业扶贫取得了显著成效，学术界对产业扶贫的作用成效给予了较高的肯定，然而对产业扶贫贡献率的深度认知仍然匮乏，目前对产业扶贫政策落实情况和扶贫成效大都是定性的、案例式的研究，缺乏定量分析，尚未从统计意义上对产业扶贫贡献率做过扎实系统的科学评价，对后续产业扶贫政策制定和确定工作的推进重点方向参考性不强。如产业扶贫的贡献体现在哪些方面？应该怎么衡量？贡献究竟有多大？当前的研究还缺乏对上述问题的回应与探讨。事实上，产业扶贫贡献率的研究不仅能够从数值上对产业扶贫成效给予更加客观科学的评价，探究产业扶贫是否有贡献，贡献有多大，表现出怎样的地域特点，更重要的是，可以从产业扶贫贡献率的研究中发现问题，为当前的脱贫攻坚战和2020年后产业发展提供决策参考，为我国产业扶贫政策的政策合理性与逻辑的正当性提供现实证据，指导未来贫困地区实现产业兴旺。

尽管已有研究从个别视角尝试讨论产业扶贫的效果，但结论莫衷一是，观点甚至相反。一些研究分析了产业扶贫的经济效应，认为产业扶贫对贫困地区的经济增长、税收、贫困人口增收、产业结构调整等都发挥了积极作用（刘明月等，2019；宁静等，2019）；但另外一些研究认为，产业扶贫在推进中遭遇实践困境，效果不理想，与政策预期存在较大差距（陈恩，2019；蒋永甫等，2018；许汉泽、李小云，2017）。这样的结果，一是可能与对产业扶贫贡献内涵的认识不同有关，目前尚缺乏系统性、科学性的概念界定；二是可能个案和样本的选择方法有别，缺乏对贫困地区整体有代表性的抽样；三是可能与考察视角有关，要么选取农户微观维度，要么选取区域宏观维度，缺乏对区域宏观、产业中观、农户微观三者综合系统的考察。

理论上，产业扶贫在不同的语境下内涵会有差异，正因为不同研究定义产业扶贫的内涵不同，也直接导致对产业扶贫贡献识别、衡量和测算的结果不同。狭义上，产业扶贫贡献可以界定为，短期微观层面直接的扶贫效果，可以用增加农民收入、减少贫困人口等指标来反映；广义上，产业扶贫贡献可以界定为，中长期通过产业扶贫这一行为带来的一系列直接和间接的综合效果，包括宏观区域、中观产业和微观农户等诸多层面中长期的效果。不管是狭义还是广义，通俗讲，产业扶贫的作用终究是产业扶贫贡献率测算的出发点和落脚点。

当前，对产业扶贫的贡献进行系统梳理、对贡献率进行科学测算，无论是基于总结历史政策还是制定未来政策，都显得迫切且重要。目前，关于产业扶贫有诸多问题亟须思考：如何全面界定产业扶贫的贡献？如何衡量产业扶贫在宏观、中观、微观不同层面的贡献？实施产业扶贫后，贫困地区产业培育及发展情况如何？稳定性如何？产业扶贫投入对贫困地区经济发展带动效果如何？贫困户参与产业及受益的情况如何？产业扶贫能否实现可持续发展？面临着哪些制约因素？为此，本研究将借鉴已有相关研究，从理论和实践两个维度，在对产业扶贫贡献的内涵进行全面界定的基础上，选取科学客观的指标来衡量产业扶贫在不同层面的贡献并测算贡献率，以期为更好地完成脱贫攻坚和实现脱贫地区乡村振兴提供决策依据。

（二）产业扶贫的缘起及发展

1. 产业扶贫属于“造血型”开发式扶贫，有利于贫困户发挥主观能动性，提高自身能力，实现自主脱贫

新中国成立初期，中国贫困人口基数大且受教育程度低，以国家实物救济为主的扶贫方式解决了普遍贫困状态下大多数人的温饱问题，但这种政府一元化“输血式”的社会救济扶贫方式并没有意识到贫困者自立能力提高的重要性。1980 年以来，中国开始实施“支援经济不发达地区发展资金”、以工代赈、以“三西”地区农业建设为主提升整体经济实力等措施帮助贫困地区发展，以助力贫困人口摆脱贫困（汪三贵、胡骏，2020）。中国的扶贫方式开始由“输血式”救济向“造血式”扶贫转变，探索出一条“政府主导、社会参与、地区协作、自力更生、开发扶贫”具有中国自身特色的扶贫开发道路。其中，产业扶贫自 2001 年作为开发式扶贫的组成部分被提出后，已成为我国扶贫领域非常重要且较为有效的一种扶贫工作方式，成为促进贫困地区产业经济结构调整，增强贫困户自身造血功能，推进贫困地区经济发展，不断增加农民收入的根本途径（范东君，2016）。

2. 产业扶贫是实现脱贫的根本之策，是打赢脱贫攻坚站的核心驱动力，受到政府和国家领导人的高度重视

2013 年，习近平总书记在甘肃考察时强调，“一个地方的发展，关键在于找准路子、突出特色”。产业是贫困人口发展的根基，更是脱贫增收的主要依托（李荣梅，2016）。2015 年出台的《中共中央国务院关于打赢脱贫攻坚战的决定》中明确提出要发展特色产业脱贫，支持贫困地区发展农产品加工业，加快一二三产融合发展，让贫困人口更多分享农业全产业链和价值链的增值收益。要打赢脱贫攻坚战，实现稳定脱贫，就必须高度重视产业扶贫，2016 年习总书记在宁夏考察时明确指出：“发展产业是实现脱贫的根本之策。要因地制宜，把培育产业作为推动脱贫攻坚的根本出路。”

3. 贫困地区产业发展更是推动脱贫攻坚战略与乡村振兴战略有机衔接的关键点和动力源

2020 年是全面建成小康社会目标实现之年，也是全面打赢脱贫攻坚战收官之年，还是脱贫攻坚与乡村振兴有机衔接关键之年。脱贫攻坚，产业是核心，市场是关键；产业兴旺是乡村振兴战略的核心，也是扶贫脱困、扩大乡村人口就业的重要途径。因此，产业发展是推动两大战略的关键和动力源。通过优化产业结构、延伸产业链条，进一步激发乡村发展的活力，巩固乡村发展成果，建立稳定脱贫长效机制，强化产业扶贫，促进转移就业，让贫困群众有稳定的工作岗位，确保到 2020 年，通过产业扶持，解决 3 000 万人脱贫的目标。为打赢脱贫攻坚战，推动乡村振兴战略实施，实现乡村生活富裕，要坚持以产业促脱贫、以发展促振兴，必须抓住产业发展这个关键，促进一二三产业融合发展，实现农业全面升级、农村全面进步、农民全面发展。

（三）产业扶贫的作用及成就

1. 产业扶贫是中央布局脱贫攻坚战“五个一批”的第一批工程，是脱贫的必由之路和持久之道，更是其他扶贫举措发挥实效的坚实基础

由于其扶贫资源配置效率高、扶贫对象精准锁定能力强、扶贫成效长期稳定等优势，使产业扶贫逐渐成为我国打赢脱贫攻坚战的重要扶贫方式。产业扶贫开发模式，是以市场为导向，以产业发展为支点，通过培育壮大当地特色优势产业，大力扶持龙头企业，实现产业化基地带动农民增收致富的扶贫开发模式（林鄂平，2012）。产业扶贫的核心在于立足贫困地区资源禀赋，培育发展特色产业，将“特色”及资源优势通过产业化发展来实现经济收益，增强贫困地区的内生发展动力，提高贫困人口的自主脱贫能力，促进“输血式”扶贫向“造血式”扶贫的转变、“开发式”扶贫向“参与式”扶贫的转变，实现贫困地区的经济发展和贫困人口的稳定增收脱贫。产业扶贫是贫困地区内生发展活力和动力的“助推器”，是脱贫攻坚稳定和持续发展的根本途径。与一般的产业发展相比，产业扶贫更加强调对贫困地区的带动，更加聚焦贫困人口，更加注重贫困人口从产业发展中受益。

2. 产业扶贫力求将地区产业发展与精准扶贫相结合，在资源整合、脱贫扶贫、特色品牌打造以及农村人口回流等方面发挥越来越大的作用

首先，有利于促进资源整合。在产业扶贫过程中，能够促进政府、企业等将扶贫资源进行有机整合，并向贫困人口倾斜，有利于投入要素聚集实现资源利用最大化，并充分发挥各自优势来促进产业健康发展。其次，增强脱贫内生动力。强调扶贫与扶智、扶志并存，所谓“扶贫先扶志，脱贫靠自己”，实现从原来的“要我脱贫”到“我要脱贫”的转变。通过产业扶贫为贫困户提供一定的就业机会，通过劳动使其获得成就感，从而激发其脱贫的内生动力。再次，加速特色农业品牌的打造。产业扶贫注重因地制宜，发展特色产业，从而形成特色品牌，将“特色”转变为市场优势、经济优势，进而打响区域品牌知名度，以带动贫困户发展特色产业，实现脱贫增收。最后，带动农村人口回流。通过以工代赈、扶贫车间等方式，提供更多的就业机会和就业岗位，激励农民工、大学生和退役士兵等人员返乡下乡创业，有利于激活农村资源要素，促进农民就业增收，是脱贫攻坚的重要力量，也是实施乡村振兴战略的重要内容。

3. 精准扶贫政策实施以来，政府高度重视并紧紧抓住产业扶贫在脱贫攻坚中的“牛鼻子”作用，取得了丰硕成果

其间，政府不断优化扶贫产业政策，加大资金投入力度，加强产品产销对接，加深东西产业协作，有效地增强了贫困地区的造血功能和产业的可持续发展能力，提升了贫困人口收入保障能力与就业保障强度，实现了贫困户参与度的有力提升和新型农业经营主体带动能力的不断增强。通过以上政策措施的落实推行，产业扶贫工作取得了一定的成效。首先，在相关政策的支持下，扶贫产业得到了长足发展，已基本形成规模。农村产业由农业为主的产业发展向一二三产融合方向发展，因地制宜发展农村特色产业，有效提升了农业竞争力，促进了农业现代化的发展。其次，农民与农村经济社会组织的合作力度加大，农村新型农业经营主体发挥了重要作用，推动新型产业扶贫模式的发展（扶桑，2020）。农业农村部数据显示，截至 2019 年 9 月，全国累计实施扶贫产业项目 98 万多个，92%的贫困户参与其中，已脱贫人口中主要通过产业帮扶实现脱贫的占 67%。832 个贫困县已发展市级以上龙头企业 1.4 万家、发展农民专业合作社 68.2 万家，超过 2/3 的贫困户实现了新型农业经营主体带动脱贫。

二、研究意义

（一）理论意义

理论上，本研究将有助于拓展产业扶贫研究、贡献率研究的空间，丰富产业扶贫的理论与实证研究方法，为以后开展扶贫贡献相关研究提供理论、方法和思路上的有益借鉴。本研究提出并构建的产业扶贫贡献评价方法，也将弥补当前已有评价方法的不足，为有关部门扶贫成效评价提供理论基础和重要参考。

1. 本研究创新性地从三个维度测算产业扶贫的综合贡献

包括产业扶贫对宏观区域经济的作用、中观产业发展的成效以及微观农户的带动作用，并比较不同区域产业扶贫贡献水平的差异。现有的研究大多基于单一维度进行研究，或是农户微观维度，抑或是区域宏观维度，缺乏对区域宏观、产业中观、农户微观三者进行综合系统的考察。基于三个维度视角，本研究进一步分析产业扶贫贡献的区域特点，可以起到丰富产业扶贫理论研究体系的作用，拓展产业扶贫贡献率的研究空间，为后续研究提供新视角、新方向。

2. 本研究将对不同语境下的产业扶贫贡献水平进行测算

为科学有效地评估产业扶贫贡献，本研究结合贡献率计算的理论依据和方法，借鉴当前产业扶贫贡献前期研究成果，尤其是考虑到产业扶贫贡献在不同语境下内涵认识不同而导致最终贡献测度的差异，将对不同语境下的产业扶贫贡献水平进行测算。既包括广义上的宏观区域、中观产业和微观农户等诸多层面中长期的效果，还包括狭义上的短期微观层面的直接效果。通过对产业扶贫贡献内涵的界定，弥补研究领域对产业扶贫贡献概念界定的不足，提供更加系统、科学的概念框架，为以后开展扶贫贡献相关研究提供理论借鉴。

3. 运用计量经济学的方法测算产业扶贫贡献，使测算结果更具科学性、真实性和有效性

运用指标体系方法测算的贡献，由于需要人为地对指标权重进行赋值打分，因此从某种程度上说是一个相对结果，虽可以较好地比较不同区域和研究对象之间的差异，但所得到的贡献结果并不是一个实际的值。但是，运用计量经济学方法，通过构建回归方程，结合样本数据和量化指标，可以得到产业扶贫对区域减少贫困、产业持续发展、农户收入带动的实际作用。本研究提出构建的产业扶贫贡献评价方法，弥补了当前已有评价方法的不足，为有关部门扶贫成效评价提供了理论基础和重要参考。

（二）实践意义

实践上，研究结果将有助于更加清晰地认识产业扶贫如何对县域经济、产

业发展、贫困户增收产生具体影响，时空上有何特征，以便及时发现产业扶贫可能存在的短板和不足，为国家调整产业扶贫政策，2020年后更好地服务于巩固脱贫成果、衔接乡村振兴、推进产业兴旺、生活富裕提供依据。

1. 产业扶贫贡献率的测算是总结精准扶贫的基础性工作

众多理论和实践均表明，扶贫政策的深度、力度和广度对于贫困减缓的程度和速度起到了至关重要的作用（焦璐，2009）。在精准扶贫和强调自我发展能力的全新扶贫理念指导下，通过产业扶贫对贫困地区减贫的总体贡献及具体贡献的测算研究，对产业扶贫政策实施成效进行客观评价，发现开展产业扶贫工作过程中的新问题、新挑战，找到新的突破点，确立新抓手。通过对不同区域间的产业扶贫贡献率的比较分析，归纳总结产业扶贫贡献的区域特征，明确后续产业扶贫工作调整完善的方向及力度，最终为巩固脱贫攻坚成果奠定良好的基础。

2. 产业扶贫贡献的科学测算，直接关乎贫困地区的扶贫产业的后续发展

本研究旨在系统掌握贫困地区产业发展特征和减贫成效，对打响脱贫攻坚战以来贫困地区产业扶贫开展情况、产业发展现状、贫困户参与产业发展的总体情况及其减贫成效进行分析；同时，比较具有代表性区域的产业扶贫实施情况、贫困户参与及减贫成效上的差异，提出有助于推动贫困地区产业益贫发展和产业可持续发展的政策建议。本研究既起到总结经验、宣传先进、推广典型的作用，同时，能够发现短板，找寻差距，探究原因，为推动贫困地区产业发展、可持续减贫提供决策参考，对推进后脱贫时代欠发达地区发展乃至中国的贫困治理事业开展具有重要的实践意义。

三、概念框架与影响机制

本研究旨在系统总结贫困地区产业发展状况和减贫成效，梳理并界定产业扶贫贡献内涵，选择合理的产业扶贫贡献测量指标；利用计量经济等定量方法，测算产业扶贫对贫困地区增收减贫的贡献率，提出有助于推动贫困地区产业益贫发展和产业可持续发展的政策建议。

（一）概念框架

1. 产业扶贫

准确来说，产业扶贫是我国扶贫开发中出现的一个工作用语，并随着扶贫开发的不断推进在不同时期有着不同的内涵。因此，产业扶贫不是静态的，而是一个动态的、开放的概念。产业扶贫的发展与推进与我国农业产业化的发展密不可分，早在1993年“中国扶贫开发协会”成立时，其章程中就有“动员和引导会员企业及社会各界力量，在贫困地区开展产业扶贫开发”（刘杰，2017），这里并未对产业类型做限定。1994 年国务院制定并发布的《国家八七扶贫攻坚计划（1994—2000 年）》中，列举了两条产业扶贫的途径，其一是投资少、见效快、覆盖广的种植养殖业和相关的加工业、运销业，其二是能够充分发挥贫困地区资源优势的资源开发型和劳动密集型乡镇企业。2001 年，国务院印发的《中国农村扶贫开发纲要（2001—2010 年）》中，正式提出产业扶贫的概念，并明确继续把种植养殖业作为扶贫开发的重点，围绕资源优势和市场需求积极推进农业产业化经营。2011 年，中共中央、国务院印发的《中国农村扶贫开发纲要（2011—2020 年）》中，进一步明确了产业扶贫的概念，文件明确指出要“充分发挥贫困地区生态环境和自然资源优势，推广先进实用技术，培植壮大特色支柱产业，大力推进旅游扶贫”，要求通过扶贫龙头企业、农民专业合作社和互助资金组织带动和帮助贫困农户发展生产。

党的十八大以来，在精准扶贫方略之下推进产业扶贫，投入力度更大，举措更实、更精准。2015 年，中共中央、国务院下发的《中共中央 国务院关于打赢脱贫攻坚战的决定》中，将“发展特色产业脱贫”作为实施精准扶贫方略的重要内容，并将贫困村、贫困户发展种养业和传统手工业等、贫困地区发展农产品加工业、一二三产业融合发展、乡村旅游扶贫工程等作为支持重点。2016 年，农业部、国家发改委、国务院扶贫办等九部门联合出台的《贫困地区发展特色产业促进精准脱贫指导意见》中，将“科学确定特色产业”作为产业扶贫的首要任务。2018 年，中共中央、国务院印发的《中共中央 国务院关于打赢脱贫攻坚战三年行动的指导意见》中，要求加大产业扶贫力度，“因地制宜加快发展对贫困户增收带动作用明显的种植养殖业、林草业、农产品加工业、特色手工业、休闲农业和乡村旅游”，推进电商扶贫、资产收益扶贫、光伏扶贫等多种形式的产业扶贫。

回顾产业扶贫的发展及推进历程，产业扶贫的重点始终是围绕扶持开发贫困地区的自然资源、生态资源等优势资源，扶持开发能够带动贫困地区发展、贫困群众增收的相关产业。随着对农业多功能的认识深化和乡村产业化的推进，扶贫产业范围从种植、养殖等传统农业产业、传统手工业不断拓展到农产品加工、休闲农业、乡村旅游、特色手工业、电商、光伏产业等新兴产业。

本研究主要关注脱贫攻坚战过程中的产业扶贫及其贡献，这一时期的产业扶贫依然是一个包容性强的开放性概念，产业扶贫虽然以种植养殖业、林草业、农产品加工业、特色手工业、休闲农业和乡村旅游为主，也包括电商产业、光伏产业等新兴产业及其他一些带动贫困地区发展、贫困群众增收的地方产业。因此，本研究中的产业扶贫是一个开放包容的概念，不对产业的具体类型设限。

2. 产业扶贫贡献及贡献率

为科学有效地测算产业扶贫贡献率，本研究结合贡献率计算的理论依据和方法，借鉴当前产业扶贫、贡献率等前期研究成果，尤其是考虑到产业扶贫贡献在不同语境下内涵认识不同而导致最终贡献测度的差异，将对不同语境下的产业扶贫贡献水平进行测算。

为全面系统地测算产业扶贫贡献率，在充分借鉴已有研究成果的基础上，结合产业扶贫的实践发展，本研究分别从广义和狭义的角度尝试对产业扶贫贡献进行界定。广义上的产业扶贫贡献，受益主体不仅包括区域经济，而且包括产业、企业和贫困人口，将从宏观、中观和微观三个层面去识别产业扶贫对推动经济发展、产业发展和农户发展的贡献。在本研究中，广义上的产业扶贫贡献，不仅包括产业扶贫直接作用于贫困村、贫困户产生的减贫影响，也包括产业扶贫对在同一区域内的非贫困村、非贫困户产生的溢出作用。在本研究中，狭义上的产业扶贫贡献，从受益主体的角度，仅局限于贫困村、贫困人口，将聚焦微观层面去识别产业扶贫对于贫困村产业发展、产业经营主体发展与带贫、集体经济发展、贫困人口增收与减贫等方面发挥的作用；从产业作用的角度，狭义上的产业扶贫贡献又指产业扶贫综合贡献的各个维度，比如经济维度、产业维度、农户维度、收入维度等。

首先，广义上的产业扶贫贡献率的测算。本研究将从三个维度构建测算产业扶贫贡献的指标体系，即以县为单位，从产业扶贫对宏观层面的县域经济作用（经济增长、收入增加、贫困人口下降等）、中观层面的产业发展（产业发展水平、发展质量、产业带贫能力等）以及微观层面对农户带动（农民增收、农户参与产业扶贫情况等），通过这三个维度尝试对产业扶贫贡献率进行更全面的研究。

其次，狭义上的产业扶贫贡献率的测算。狭义上的产业扶贫贡献率，一方面指上述各个维度的贡献率，即经济贡献率、产业贡献率和农户带动贡献率。另一方面，更为重要的是，本研究将从更为直观的角度，通过构建计量经济模型分析产业扶贫投入对地方农业生产总值、农民收入增加的贡献率以及对贫困人口下降的贡献率。同时，运用农户微观调研数据，通过分析农民收入结构，尤其是产业扶贫收入具体构成（工资性收入、生产经营收入、资产性收入、转移性收入）来测算产业扶贫对农户收入及收入增长的贡献率。

（二）产业扶贫的影响机制

产业扶贫是一种建立在区域产业发展基础上的能力建设扶贫模式（汪三贵等，2017），是以贫困地区资源禀赋为依托，坚持市场主导、政府引导、农户参与的原则（许汉泽、徐明强，2020），通过因地制宜确立产业扶贫项目，积极培育区域特色产业，培育具有较强带动能力扶贫龙头企业、农民专业合作社等市场经营主体，通过一定的利益联结机制，带动贫困户参与发展（殷浩栋，2016），增强贫困地区和贫困户的自我发展能力，促进贫困地区农村经济发展、贫困群众就业，最终有效促进贫困人口增收和贫困地区整体发展。基于对产业扶贫的上述认识，可以看到，产业扶贫对贫困地区经济发展、群众增收减贫发挥影响作用主要从以下三个角度：

首先，在县域层面，通过改善产业基础设施，优化产业发展环境，增加产业资本、技术等要素投入，培育主导产业和带动能力强的新型农业经营主体，推动产业经济发展，增加本地就业机会，促进区域农业生产总值增长和县域农民收入增长。一方面，地方政府立足本地优势资源，因地制宜、充分发挥贫困地区的自然、生态等资源优势，科学确定特色产业，并通过培育、鼓励支持新型农业经营主体参与扶贫产业发展，形成“贸工农一体化、产加销一条龙”的经营体系，在促进产业发展的同时也带动了产业的相关配套设施的发展，改善了产业基础设施，促进了产业发展环境的优化，为区域发展做出积极的贡献（梁婷婷等，2019）。另一方面，企业等新型经营主体通过参与扶贫项目，获得政府各种优惠政策的支持，扩大了市场份额和经营范围（刘建生等，2017），促进了资源配置效率的提高，提高了扶贫效率，较好地弥补政府扶贫缺陷；通过新型农业经营主体的带头示范作用，既推动了传统生产经营方式向现代经营方式的转变，推动产业发展的转型升级，又增加了本地就业机会，有效吸纳贫困地区的劳动力，促进了区域经济增长和农民增收。另外，通过特色优势产业的发展，能够有效地将地区资源比较优势转化为经济比较优势，为地方经济的快速发展形成助力，将原本的穷乡僻壤、不毛之地变为能创造财富的金山银山（刘建生等，2017）。

其次，在村镇层面，通过增加公共投资，改善基础设施，扶持农民就业创业，培育行政村支柱产业，推动村庄经济发展，促进村庄产业产值增长和集体经济收入的增长。首先，产业扶贫通过因村制宜，大力发展特色优质高效绿色富民兴村产业，充分挖掘乡村的生态、区位、资源、历史、文化等优势，采取有效措施鼓励、支持和促进农民就地就业创业，推动一二三产业融合发展，全面激发乡村经济的发展活力，推动乡村经济全面繁荣发展（危旭芳，2018）。其次，通过国家财政资金对农村公共产品及服务的供给倾斜，实现基础设施和基本公共服务向贫困地区农村的深度覆盖，完善贫困乡村的基础设施硬条件，优化政策机制软环境，促进贫困地区乡村产业持续发展（李冬慧、乔陆印，2019）。再次，充分发挥村“两委”在基层协调和资源对接方面的优势，整合生产要素，服务村民，同时积极落实上级扶贫攻坚任务，为村民带来更多扶贫资源，提供更好的基本服务，促进贫困群众脱贫致富（刘建生等，2017）。

再次，在农户层面，第一，通过直接带动贫困户自主经营扶贫产业促进经营性收入增长。农民专业合作社作为产业扶贫项目的一个重要执行主体，通过为贫困农户提供低价或免费的生产资料、技术培训与指导，以最大限度地降低农户的生产成本，促进贫困户节本增收（苏群、陈杰，2014）。通过以农民专业合作社为代表的新型农业经营主体对农产品的统一加工和销售管理，降低农户所面临的市场风险和交易成本，延长产业链，增加农产品附加值，扩大农产品销售量，从而促进农户增产增收（宁静等，2019；张晋华等，2012）。第二，通过产业发展给贫困地区劳动力提供就业，促进工资性收入增长。企业等新型农业经营主体通过吸纳贫困家庭劳动力就业，并根据劳动任务完成情况按时或计件发放工资，为农户提供了大量临时性、季节性的本地就业机会，极大地解决了贫困地区农村中老年劳动力、妇女和病残农户等弱劳动力人群的就业增收问题，从而促进了农户的工资性收入增加（白丽、赵邦宏，2015）。第三，扶贫产业通过将贫困户的土地、财政扶贫资金等资源、资产吸收入股，以产业发展促进财产性收入增长。农民专业合作社等新型农业经营主体将贫困户拥有的自然资源、财政扶贫资金及所在村庄的集体资产，量化折算为贫困户所拥有的股份，使贫困农户成为股东，贫困户按照约定获得分红和利息收入等收益分配，从而增加其财产性收入（宁静等，2019）。第四，通过给贫困户发放扶贫产业发展的政策性生产补贴，促进转移性收入增长。一方面为了鼓励和引导贫困群众发展产业、参与项目，地方政府通过制定产业扶持政策，对符合条件的贫困户发放生产补贴，提高贫困群众发展生产的积极性。另一方面，一些产业扶贫项目承担了部分收入补差的功能，为贫困地区的贫困户提供定额的政策性补贴，进而增加了贫困农户的转移性收入（汪三贵、梁晓敏，2017）。

（三）产业贡献收入界定

本研究的核心内容是贫困地区农户的收入水平、收入结构以及识别收入中来自产业扶贫作用的部分。为此农户抽样调查内容包含两个方面。一是调查样本农户的家庭收入构成：具体包括工资性收入、经营性收入、资产性收入和转移性收入；二是识别各项收入中可能的产业扶贫的贡献。根据研究的需要，结合建档立卡工作开展以及产业扶贫的实际情况，本研究对产业扶贫对农户收入的影响进行了界定。具体如下：

1. 工资收入

包括现金报酬（含奖金），以及单位或雇主免费提供的各种实物和服务（需折价计入）。

其中，产业扶贫带动的工资收入，指农户在2014年以来获得产业扶贫资金支持（如投资入股）或产业扶贫政策（项目）扶持的企业、农民专业合作社、大户、车间等经济实体中就业、打零工等获得的工资收入；以及在由上述扶贫产业带动的上下游关联产业中就业、打工的收入。

2. 家庭经营净收入

即经营收入减去经营费用（种苗、饲料、化肥、雇工等），减去生产性固定资产折旧及税费。包括：第一产业，指农业、林业、牧业和渔业（不含农林牧渔服务业）。第二产业，指采矿业（不含开采辅助活动）、制造业（不含金属制品、机械和设备修理业）、电力、热力、燃气及水生产和供应业、建筑业。第三产业，指从事批发和零售、交通运输、住宿和餐饮业、居民服务、修理、娱乐（如KTV、棋牌室）等业务，扣除经营费用、折旧和税费后得到的净收入。

其中，产业扶贫带动的经营净收入，指获得产业扶贫资金或政策扶持，自主经营相关扶贫产业或扶贫产业带动的上下游关联产业，而获得的经营净收入。

3. 财产净收入

指农户将其所拥有的金融资产、非金融资产（如住房等）和自然资源出租而获得的回报并扣除相关的费用之后得到的净收入。

其中，产业扶贫带动的财产净收入，既包括利用产业扶贫资金、自有资金和土地等资产入股扶贫产业及其带动的上下游关联产业获得分红收入，又包括将土地、房屋等资产出租给扶贫产业及带动关联产业中的企业、农民专业合作社等实体获得的租金等收入，也包括产业扶贫资金投资形成的（县、乡、村）集体资产收益分配所得。

4. 转移净收入

主要包括政策性生产补贴，既包括国家为扶持农业等行业进行的普惠性生产补贴，如农业支持保护补贴、购置和更新大型农机具补贴、退耕还林还草补贴、畜牧业补贴、非农生产经营补贴等，也包括支持贫困地区产业发展生产补贴；以及养老金、退休金、赡养费、救济金、扶贫款等。

其中，产业扶贫带动的转移净收入，指支持贫困地区产业发展的政策性生产补贴。例如，不少省、市（县）提供给农户的一些农业保险补贴、特色产业补贴、以奖代补等。但是，产业扶贫中，为支持贫困户发展产业，免费或低价提供农户的种苗肥料等生产性资料，不算收入；免费获得的生产资料也不计入成本。

四、研究内容与方法

（一）研究内容

1. 全国层面产业扶贫发展现状

从全国层面，对脱贫攻坚战打响以来贫困地区产业扶贫开展情况、产业发展现状、贫困户参与产业发展的总体情况及其减贫成效进行分析；分析并比较代表性地区，如一般贫困地区、深度贫困地区及民族贫困地区等不同地区的产业扶贫实施情况、贫困户参与及减贫成效上的发展趋势及差异。

2. 产业扶贫贡献内涵界定

为全面系统地评价产业扶贫贡献，本研究在充分借鉴已有研究成果的基础上，结合产业扶贫的实践发展，将主要从县域、行政村、农户三个层面对每个层面中可能涉及的各个具体维度的产业扶贫贡献率进行研究，力求对产业扶贫的贡献率进行综合全面的评价。

3. 产业扶贫贡献率的测算

在梳理产业扶贫影响机制的基础上，通过问卷调查获得测算产业扶贫贡献率所需指标数据，利用定量分析方法，分别从县域、行政村、农户三个层面去测算不同维度的产业扶贫贡献率。具体如下：

（1）县域层面贡献率，主要包括经济发展、产业发展两个方面的贡献率。其中，经济发展层面，分析产业扶贫对经济发展及县域增收减贫的贡献。测算产业扶贫政策及资金投入对县域经济发展与减贫的带动作用，具体包括对地区农业 GDP、农民收入、贫困人口下降等指标的影响。产业发展层面，分析产业扶贫对贫困地区产业经营主体的培育、主体带贫水平的推动作用，以及产业扶贫对乡村产业可持续发展等方面的提升作用。

（2）行政村层面贡献率，主要包括经济发展、产业发展两个方面的贡献率。其中，经济发展层面，分析产业扶贫对行政村集体经济发展及收入的贡献。产业发展层面，则分析产业扶贫对贫困地区行政村的支柱产业培育、新型农业经营主体参与产业发展等方面的作用。

（3）农户层面贡献率，主要包括农户增收、扶贫产业参与两方面的贡献率。其中，农户增收分析产业扶贫对贫困户、非贫困户的增收作用；扶贫产业参与则分析了贫困户、农户参与产业经营、就业等方面的情况。在农户层面，产业扶贫对农户收入的贡献是本研究的一个重点内容。为了科学全面地衡量产业扶贫对农户增收的贡献率，本研究针对农民收入的各项构成，结合产业扶贫工作开展的实践，对工资性收入、经营性收入、财产性融合、转移性收入中可能来自产业扶贫贡献的部分进行了识别和界定。

4. 政策建议

根据测算结果，计算产业扶贫在县、村、户三个层面各个维度的贡献率，总结经验，宣传先进，推广典型；同时，发现短板，找寻差距，探究原因。从扶贫产业可持续发展及乡村振兴视角，从推动区域经济发展、农户稳定增收脱贫的角度提出针对性建议，为推动贫困地区产业发展、可持续减贫提供决策参考。

（二）研究方法

本研究拟采用规范研究和实证研究相结合的研究方法。具体如下：

1. 描述性统计方法

针对贫困地区产业扶贫与发展现状以及各维度产业扶贫贡献率的测算。统计描述法能够通过数据、图表、数学方法等对数据资料进行统计处理，挖掘呈现出数据的特点，有助于更好的描绘研究对象的特征和发展规律。本研究将运用描述性统计方法，利用统计数据和抽样调研数据，从全国层面、区域层面、产业层面及农户层面对贫困地区产业扶贫相关指标进行统计分析，进一步从各层面得出对贫困地区产业扶贫开展情况、产业发展现状、贫困户参与情况等问题的分析与判断，从而综合分析产业扶贫的贡献。

2. 对比分析法

针对贫困地区产业扶贫与发展现状。运用比较分析法，结合产业扶贫贡献率指标体系，对产业扶贫在一般贫困地区、深度贫困地区、民族贫困地区等代表性区域中的发展和贡献情况进行对照比较，找出各区域在产业扶贫方面的成功和不足之处，分析获得成功的经验和实施做法，发现产生成效差距的原因。

3. 文献综述方法

针对贫困地区产业扶贫与发展现状以及产业扶贫贡献率内涵界定等方面内容。文献综述方法是对目前相关研究的水平、动态、应当解决的问题和基础条件等进行总结，为后续研究奠定基础。本研究将基于现有相关文献，对产业扶贫贡献的内涵、分析方法与已有结论进行梳理；对全国贫困地区产业扶贫开展情况、产业发展现状、贫困户参与和产业发展总体情况从已有文献结论角度进行分析，在综合所得结果的基础上对本研究所涉及的产业扶贫贡献的内涵进行界定。

4. 定量分析方法

针对各维度产业扶贫贡献的测算。运用计量经济学方法，通过构建回归方程，结合样本数据和量化指标，可以比较客观地得到产业扶贫对区域减少贫困、产业持续发展、农户收入带动的实际作用。例如，分析产业扶贫资金投入对农户人均纯收入的影响，通过构建模型，有望得出结论“每增加1%的产业扶贫资金投入，带动农户人均可支配收入增加若干百分比”。

5. 问卷调查法

本研究需要通过问卷调查方法获得相关指标的一手数据资料。调研获得的样本最好为多期数据，因为产业扶贫相关政策实施与其产生的减贫增收结果之间存在一定的滞后效应，多期样本可以从一定程度上解决滞后效应的影响；样本的基线日期建议选择脱贫攻坚战起始的2015年。

样本分布地区需要尽量覆盖不同经济发展水平地区（深度贫困地区、一般贫困地区）和民族地区（民族贫困地区），以便于在收集指标后实行研究对象的对比分析；地区样本（比如县）个数建议不低于100个，以满足统计分析和回归分析模型的要求。

6. 案例分析法

本研究拟通过对部分维度的典型案例分析，考察产业扶贫在相关领域减贫增收的作用及贡献，为基于调研数据和统计分析方法得出的结论进行佐证。

五、主要结论

（一）产业扶贫对县域经济发展及脱贫贡献显著

1. 切实促进贫困群众增收

产业扶贫工作取得明显成效，越来越多的贫困群众通过产业发展实现增收脱贫。无论是建档立卡贫困户数据还是县级层面的调研数据均显示，调研样本县农村居民人均可支配收入明显增加，2015—2019年期间增幅接近50%。根据计量模型回归结果显示，产业扶贫投入对于当地农业生产总值、农民人均可支配收入和贫困人口数量下降的贡献结果显著，每增加1%的投入，即可分别为当地农业生产总值和农民收入带来0.030%和0.040%的增长；使通过产业发展实现脱贫的贫困户人数和户数分别增加1.027%和0.89%。2015—2019年期间，财政投入产业扶贫资金对地区农业生产总值增长的贡献率为18.2%，对农村居民人均可支配收入增加的贡献率为18.1%，对通过发展产业实现贫困人口下降的贡献率为33.4%。

2. 夯实当地产业发展基础

在产业扶贫政策的有力推动下，各地因地制宜，发挥地区优势和特色，夯实当地产业发展基础，探索新的特色产业。根据县级调研数据显示，各地在特色产业园区建设、农产品品牌建设方面均取得长足进展。各地立足已有的种植业、养殖业等传统优势产业，同时结合自身特色，在休闲农业与乡村旅游、农产品加工等产业不断开拓探索。2019年，样本县均拥有特色产业基地增长到510.8个，增幅达到300%；其中，种植业、养殖业、休闲农业与乡村旅游特色产业基地数量依然位列前三，数量分别增长为149.8个、110.8个、76.6个，增幅分别为211.7%、241.4%、244.1%，占比分别为29.3%、21.7%、15.0%。28个样本县平均每县拥有“一村一品”示范村镇27.2个；建有“一村一品”特色产业基地的贫困村占比达到35.1%。农产品品牌建设也实现了从无到有的突破，逐步向高端升级。2019年，样本县平均每县拥有注册商标品牌203.2个，增幅达到130.4%；平均每县拥有绿色食品质量认证9.3个，增幅达到 272.0%；平均每县拥有有机农产品认证 9.5 个，增幅达到 227.6%；平均每县拥有农产品地理标志 1.1 个，增幅达到 120.0%。

3. 逐步健全带贫减贫机制

各地引导贫困户通过生产托管、技术服务、产品收购、就业带动、股份合作等多种方式有效参与到产业扶贫中，并通过溢价收购、保底收益、租金、薪金、股金等多种形式保障了贫困户的增收需求。帮助贫困群众掌握一定的生产技能和市场经营管理能力，有效助力“智志双扶”。同时在产业扶贫政策推动下，各地新型农业经营主体蓬勃发展，带贫增收效果和效率明显提升。2015—2019 年期间，样本县龙头企业、农民专业合作社、家庭农场平均带动贫困人口数大幅增加，2019 年 28 个样本县新型农业经营主体共带动贫困人口 190.5 万人，是 2015 年的 3.1 倍；同期带动贫困人口人均增收增幅超过 100%。农业生产社会化服务为农民提供“保姆式”生产托管服务，保障各地农业生产顺利开展，促进农业生产节本增效。调研数据显示，2019 年样本县平均每县共有新型农业社会化服务组织 65.8 个；平均带动每县贫困人口 1.3 万人；所有新型农业社会化服务组织带动贫困人口人均增收 654.3 元。

（二）县域产业扶贫政策支持增长较快，地区间有差距

1. 财政支持、信贷发放、农业保险等财政金融“硬核政策”支持力度大、覆盖面广

财政金融投入是扶贫产业发展重要的工具，是地方产业发展的“血液”。虽然面临多方面的困难和挑战，但 2015—2019 年期间，财政、信贷、农业保险在贫困地区不断加大投入，无论是投入金额、增长幅度、覆盖范围都取得了前所未有的成效。

2. 科技服务、电商服务等人才投入和产品营销机制不断取得突破

农业技术人员人数不断增加，同时建立贫困户产业发展指导员机制，“一对一”对口帮扶新型农业经营主体和贫困群众，有效提高了各地推进产业扶贫的能力和水平。2019 年样本县平均拥有农技员人数达到 240.5 人，较 2015 年增长 16.7%。同年，样本县平均每位产业发展指导员指导新型农业经营主体 2.3 个，培训指导贫困群众 154.4 人。电商服务实现消费端“最后一公里”和原产地“最初一公里”连接，调研数据显示，2019 年样本县平均拥有电商服务站 168.9 个，是 2015 年的 8.8 倍；各县电商销售额占当地农产品总销售额的平均比重达到 12.63%。

3. 地区差异依然明显

县级调研数据的分类对比发现，各地区在产业扶贫投入和效果方面依然存在明显差异。从政策投入、行政资源投入的角度来看，深度贫困县相对于一般

贫困县而言，投入力度相对更大、取得成效相对更加明显。但从市场运行机制和中长期积累水平来看，一般贫困地区仍优于深度贫困地区。例如，深度贫困县县均财政投入产业扶贫金额为 30 718.1 万元，高于一般贫困县 34.2%；但信贷扶贫投入资金方面，一般贫困县获得小额信贷资金额度和其他带贫主体信贷资金额度分别高于深度贫困县 2.2%和 140.4%。科技服务水平方面，一般贫困县各县拥有的农技员人数始终高于深度贫困县，到 2019 年仍高出 16.5%。少数民族地区相对于非少数民族地区而言，在产业扶贫投入方面依然面临一定的瓶颈，有待破解；但其相对自身而言，产业扶贫各项投入和成效均有显著的提升和突破。

（三）行政村扶贫产业初步形成，带贫能力明显提高

对 7 省 28 县 112 个行政村的抽样调查结果表明，2015—2019 年期间贫困地区乡村产业发展及减贫成效显著。

1. 产业数量明显上升

2019 年，95.5%的行政村已经形成稳定的支柱产业，村均拥有支柱产业 2.4 个，比 2015 年增加了 1.4 个。

2. 产业收入对村集体经济的贡献明显提高

2019 年行政村支柱产业年度总产值及销售额分别为 1 061 万元、901 万元，扣除价格因素，分别比 2015 年实际增长了 112.2%、105.7%。2019 年产业收入对村集体经济收入的贡献率为 28.2%，比 2015 年提高了 9.5 个百分点。产业扶贫对 2015—2019 年期间村集体经济收入增长的贡献率为 29%。

3. 产业发展带贫能力有提升

2019 年，97%的样本村产业发展由企业、农民专业合作社等新型农业经营主体引领，村均拥有新型农业经营主体的数量为 4.1 个，是 2015 年的 3 倍。2019 年样本贫困村平均拥有产业扶贫带头人 10.4 个，是 2015 年的 3.5 倍。2019 年农户产业经营的参与率为 66%，比 2015 年提高了 21 个百分点。2019 年，行政村支柱产业平均解决 23%的本村劳动力，即 169 人提供了就业，相比 2015 年，就业人数翻了一番，贫困劳动力占比提高了 6 个百分点。

（四）产业帮扶覆盖面广，对贫困群众增收贡献大

7 省 28 县 1 120 户农户调查数据显示，2019 年，各类产业帮扶措施对建档立卡贫困户的总覆盖率为 98%，产业扶贫为贫困地区群众增收做出了突出贡献。

1. 贫困户收入高速增长

2015—2019 年期间，全国贫困地区农村居民收入实际增速始终高于全国

农村居民收入增收 2 个百分点。其中，抽样贫困地区建档立卡贫困户 2019 年人均可支配收入为 10 534 元，扣除价格因素，2015—2019 年间，年均实际增速为 25.3%，明显高于同期全国贫困地区农民收入增速。

2. 产业扶贫贡献大幅提升

2019 年，产业扶贫对建档立卡贫困户人均可支配收入的贡献率为 37%，比 2015 年提高了 16 个百分点。产业扶贫对 2015—2019 年期间贫困户收入增长的贡献率为 47.6%。产业扶贫的增收贡献主要来自经营收入和工资收入，分别构成了产业增收贡献的 56.5%和 33.0%。

3. 非贫困户受益匪浅

2019 年，非贫困户人均可支配收入为 13 221 元，其中，产业扶贫贡献率为 33%，比同期产业扶贫对贫困户的贡献率低 4 个百分点。扣除价格因素，2015—2019 年间，非贫困户人均可支配收入年均实际增速为 14.9%；产业扶贫对这一期间增收的贡献率为 52.3%，比贫困户的贡献率高 4.7 个百分点。

六、可能的创新及不足之处

（一）创新之处

本研究的创新主要体现在研究思路和研究方法两个方面。①研究思路上，从宏观、中观和微观的三个层面梳理产业扶贫的影响机制，即从县、村、户三个方面对产业扶贫贡献进行全面的考察和测算，填补了系统全面研究产业扶贫贡献率的空白。②研究方法上，将贡献率研究与产业扶贫理论有机结合，作为研究产业扶贫对经济增长、农民增收和减贫贡献的理论基础；从贡献率的角度研究产业扶贫，运用计量经济学方法和统计学方法测算产业扶贫贡献率，测算结果更直观、更科学。

（二）不足之处

由于研究时间、调研条件等因素所限，本研究也有不足之处。如计量模型分析部分，县域样本量不大、控制变量偏少等因素，可能导致模型估计结果有所偏差。后期，如果能够获得更多的样本和更丰富的指标数据，可进一步优化计量模型，结果有望更为精确。

第二章

相关理论及文献回顾

产业扶贫是一种建立在区域产业发展基础上的能力建设扶贫模式，强调以市场为导向，合理开发利用贫困地区资源，在发展产业中增强贫困地区和贫困户自我积累与自我发展的能力，实现减贫的目标。党的十八大以来，作为一种内生发展机制，产业扶贫已成为中国扶贫实践中最具活力的扶贫模式之一，相关的理论及研究也备受关注。

一、相关理论

从2001年产业扶贫概念正式提出，并随着国家扶贫战略的不断调整，产业扶贫已经成为我国扶贫工作的重要战略，更是成为脱贫攻坚的坚实基础和支柱。产业扶贫在我国的兴起与发展，体现出很强的发展活力，取得了巨大减贫成效。与传统的减贫方式相比，产业扶贫是一项制度创新，具有充分的理论依据。当前，产业扶贫领域中应用较多的理论主要有可行能力贫困理论、可持续生计理论、参与式治理理论等三种，具体如下。

（一）可行能力贫困理论

阿玛蒂亚·森（2002）认为，贫困产生的原因并不是单纯的经济收入低下，而是在不对等的社会结构与市场结构之中贫困户可行能力与权利的缺失与不足。所谓可行能力，主要是指个体在特定的社会结构之中是否拥有足够的权利和自由来进行相应的功能性活动。阿玛蒂亚·森认为，功利主义标准的最大缺陷是忽略了分配，忽视了权利、自由以及其他非经济因素；而自由主义标准则过分追求程序而不考虑后果。在可行能力视角下，贫困被看作是对基本能力的剥夺和缺失，该理论将关注重点集中在人们哪些方面能够去做，而非已经拥有什么和个人如何感受。可行能力理论特别强调自由是发展的重要手段，这是对于单纯追求经济层面增长的传统发展观念的超越。可行能力贫困不仅仅是一种新的贫困观，更是一种新的发展观，而这种发展观是建立在充分尊重贫困人口的主体地位与自由基础上的。

阿玛蒂亚·森认为市场与自由之间存在一种基础性的关系，即在保证所提供机会合理分享之下，市场机制能够有助于减少社会不平等并促进减贫。自20世纪90年代以来，我国开始大力推行“开发式扶贫”，即通过在市场活动中培育贫困人口发展能力的扶贫战略。而且，在精准扶贫战略中，依靠市场机制的产业扶贫所发挥的作用也非常明显。产业扶贫并不仅仅是追求经济层面的产业规模大小以及收入、利润的多寡，即不单纯追求效率，同时更应该从贫困人群参与市场的能力、自我发展能力提升的角度去考量其贡献。很多情况下，深度贫困地区的产业发展困局并不是由于劳动力与资源的匮乏，而是贫困群体能力与机会的缺失，属于“富饶的贫困”。可行能力理论与精准扶贫战略具有多方面的耦合性，是非常具有可操作性的指导精准扶贫实践的理论视角（许汉泽等，2019）。

（二）可持续生计理论

可持续生计是指个人或家庭为改善长远生活状况而拥有的谋生能力、资本和活动。目前被广泛采用的生计概念是由Chambers于1992年提出的能力、资本和活动三模块定义。该定义囊括了资本因素，可以分析生计主体在不同资本构成、收入水平下的行为选择。可持续生计概念最早出现在世界环境和发展委员会报告中，20世纪90年代被引入贫困治理领域。可持续生计框架可从多个角度分析致贫原因，反映脱贫与返贫的动态变化，注重从可持续发展能力角度给出解决方案。该框架内嵌物质、人力、金融、社会、自然五种资本。其中，物质资本包括农用机械等基本生产资料和道路等公共基础设施，用以增强贫困户的生产能力；人力资本体现贫困户的劳动技能、智力和健康水平，可衡量贫困户对其他资本的利用程度；金融资本包括储蓄和从信用社、银行等金融机构或朋友、亲戚等非正规渠道借贷的资金；社会资本指由贫困户所处社会地位为其带来的互惠、信任及可利用的社会网络资源；自然资本包括有形的土地、林地等生产资本和无形的地理、环境等生态资本。五种资本中，自然资本对脱贫难度与返贫风险起决定性作用，多数贫困户在一种或几种资本上存在明显短板。

产业扶贫是以增加贫困户收入为目的，以发展农林产业、乡村旅游等项目为依托，激发贫困户自我发展的内生动力，促进贫困户与贫困区域协同发展的政策。从可持续生计理论的视角看，产业扶贫通过采取针对性的措施，尤其是补齐生计资本的瓶颈制约，让贫困户可以参与产业发展增加收入。产业扶贫通过贷款、技术培训、项目支持、基础设施建设等措施，帮助贫困家庭增强抗风险能力、积累资本数量、优化资本组合，推动可持续生计五边形向外扩张，提高贫困户各项生计收入，以实现助其脱贫的目的。当农户拥有的生计资本过少或者获取生计资本的能力不足时，可持续生计五边形就会向内缩小空间，若缩小到突破贫困标准，则农户便陷入贫困境况；当可持续生计五边形空间大于贫困标准时，贫困户就实现脱贫摘帽；当可持续生计五边形与外界达到平衡状态时，贫困户就实现了生计可持续发展。在产业扶贫政策下，五种资本的发展并不是统一和同步的，当某一种或某几种资本较为突出时，贫困户就会考虑选择最大化资本利用、最符合自身利益的生计模式（胡晗等，2019）。

（三）参与式治理理论

治理理论是近年兴起并流行的理论，它是在摒弃传统公共行政模式的基础上产生的，治理理论的主要创始人之一罗茨将治理定义为“一系列活动领域里的管理机制，它们虽未得到正式授权，却能有效地发挥作用”，即要求在政府机制之上扩大社会参与，通过多元主体的参与和合作，使社会各方都能满足自己的需要。随着治理理论研究的深入和拓展，作为其分支的参与式治理亦逐步成为讨论公共事务的一种新的分析框架，参与式治理是“参与式”在治理领域的运用，与治理相比，参与式治理则更强调治理过程中的公民参与。从 20 世纪 80 年代开始，参与式治理作为一种新的治理模式在巴西、印度、美国、南非等国家开始出现，经过二三十年的实践，提升了公民的参与意识，有效地推进和深化了民主，改善了当地的治理生态。参与式治理作为一种新的治理思维和模式引入中国后，受到了众多研究者的重视，目前国内研究参与式治理主要集中在四个方面：参与式治理的构建路径、参与式财政预算、参与式城市治理和社区参与式治理、农村参与式发展与治理。在实践领域，从 20 世纪 80 年代以来，云南、贵州、北京等地的研究者和实践者开始在资源管理、农村社会经济评估、社区发展与管理、发展计划、农村减贫、小流域治理、小额贷款、农村医疗等方面广泛引入参与式治理的理念。

参与式治理作为适应社会变革的治理模式，代表着社会治理新的发展方向。首先，在治理结构上倡导治理主体多元化，与传统政府管理单一性的管理主体不同的是，参与式治理的主体不仅限于政府部门，而是包括政府组织、非政府组织以及各种社会团体以及个人等多元主体。其次，在治理过程上倡导民主化和规范化，国家、社会与个人积极互动，将自上而下的行政推动与自下而上的社会生长结合起来。再次，在治理目标上形成多方共赢的效益最大化，参与式治理让行动主体各方都有表达权益的渠道和机会，通过合作协商达到共同目标（胡振光等，2019）。

自 20 世纪 80 年代以来，参与式治理理念与减贫有机结合，逐渐形成参与式扶贫机制，一方面参与式扶贫通过赋权于贫困群众，使他们从扶贫对象的客体地位，转变为主动参与的扶贫主体，充分参与到扶贫项目的选择、实施和评估过程中去，激发贫困群众参与热情，提升自我发展能力（刘俊生和何炜，2017）。另一方面，我国扶贫虽是以政府为主导，但也越来越注重发挥社会多方主体的共同参与。特别是党的十八大以来，中央将专项扶贫、行业扶贫、社会扶贫等多方主体、多方力量凝聚，共同参与扶贫事业，形成了“三位一体”大扶贫格局。

二、文献回顾

产业扶贫是实现贫困人口稳定脱贫的根本之策，随着产业扶贫工作的不断推进，各级政府与学术界对产业扶贫的作用已经达成共识，但是产业扶贫的效果究竟有多大，如何准确评估产业扶贫效果，仍然是研究的难点。为了研究产业扶贫贡献率这一新命题，本研究对相关研究进行了回顾。首先，梳理贡献率的定义和应用领域及测算方法，为产业扶贫贡献率的研究提供了理论基础和技术支撑。其次，在梳理产业扶贫定义的基础上，界定本研究的产业扶贫定义，并从产业扶贫成效总体评价、农户层面评价及其他方面评价三个方面进行梳理，分析已有研究进展以及不足，从而为深入研究产业扶贫的贡献率提供经验借鉴。再次，梳理精准扶贫成效的研究进展，该领域相对于产业扶贫成效研究起步较早，在评价体系的建立和研究方法的选择均为产业扶贫的贡献率研究提供有益的参考。

（一）贡献率的计算及应用

1. 贡献率的定义与计算

学术上，贡献率最早出现在宏观经济学中，用来测算科技进步对经济增长的贡献。作为分析经济效益的一个指标，贡献率常常被用于分析经济增长中各因素作用大小的程度。从经济视角，贡献率能够准确地分析某个因素对经济效益的贡献份额，有助于人们从总体上把握的作用及潜力，而且也可以在地区间进行比较，进而分析某个因素在地域间的贡献差异，对决策有重要参考价值。

贡献率是某一个构成要素的增量值与全部构成要素增量值之比与该指标的增长率乘积，即贡献度乘以增长率，它说明在该指标的增长率中各构成要素对增长率的贡献，是增量变化强度分析指标，常用百分数来描述（杨为众，2007）。贡献率是具体指有效或有用成果数量与资源消耗及占用量之比，即产出量与投入量之比，或所得量与所费量之比。计算公式为：

贡献率（%）=贡献量（产出量或所得量）/投入量（消耗量或占用量）×100%。

2. 贡献率的应用领域及常用方法

如何定量测度贡献率是理论界不断探索的一个热点领域，但往往因为定量分析指标可测性、数据可获性等原因，其实际应用领域却有限，主要集中在各种因素对经济增长的贡献率，如技术、人力资本对经济增长的贡献率，或经济总体中的某一部分，可以理解为某一部门或者某一行业对经济增长的贡献率，如第一产业对经济增长的贡献率。在农经界，贡献率的研究主要集中领域更为有限，主要包括农业科技进步贡献率和农业机械化贡献率的研究。

（1）农业科技进步贡献率研究。农业技术进步贡献率作为衡量农业技术进步对农业产出增长贡献大小的定量指标，是各级政府特别是农业主管部门决策与考核的重要依据，一直以来都受到高度重视。农业科技进步包括了两大方面：自然科学技术的进步和社会科学技术的进步。仅包括前者的科技进步，通常被称作狭义的科技进步，同时包括两者在内的科技进步通常被称作广义的科技进步。测定的农业科技进步贡献率，就是指广义农业科技进步对经济增长的贡献份额。《国家中长期科学与技术发展规划纲要（2006—2020）》就明确地将技术进步贡献率指标列入其中并提出了具体的发展目标。

自 20 世纪 80 年代起，国内农经界开始在索洛残值法的基础上探索技术进步贡献率的测算方法。贡献率测算方法主要有 C－D 生产函数模型、增长速度方程、综合要素生产率指数。方法不同，变量的取值范围也不尽相同，同一时期同一对象的测算结果更是五花八门，缺乏可比性。这种情况下，农业部于 1995 年委托中国农业科学院农业经济与发展研究所等单位开展了“农业科技进步贡献率测算方法及其应用研究”，并于 1997 年年初下发了《关于规范农业科技进步贡献率测算方法的通知》，对农业技术进步贡献的测算进行了统一规定。在这一官方文件的影响下，C－D 生产函数法和增长速度方程法在中国农业科技进步贡献测算中始终占据主流地位。

朱希刚研究员在该方法及其理论的探索方面做出了很大贡献。他用该方法测算了中国从“一五”时期（1953—1958 年）到“九五”时期（1996—2000 年）9 个 5 年计划期的农业技术进步贡献率，为相关部门和研究多次应用（张社梅、赵芝俊，2008）。朱希刚在 1997 年使用索洛残值法对 1990—1995 年全国和各省（区、市）农业科技进步贡献率进行了测算（朱希刚、刘延风，1997）。蒋和平（2008）使用 C－D 生产函数模型测算 1995—1999 年全国农业技术进步贡献率等。直到现在，许多地方的研究人员还在应用柯布-道格拉斯生产函数或改进的柯布-道格拉斯生产函数和索洛增长速度方程测算省级或者地市级农业技术进步贡献率（王桂荣等，2003；王启现等，2006；刘芳、李炳军，2010；杨少文，2017）。

随着数理统计和计量经济学估计方法的不断进步，采用新方法计算农业技术进步贡献率的文献不断涌现。樊胜根（1998）使用超越对数方法测算全国农业技术进步贡献率，采用超越对数方法的许多学者对物质投入都做了进一步分解，包括化肥、机械、灌溉，还有的包括塑料农膜、农药，技术进步要素涵盖教育程度、制度、自然灾害、复种指数等。总之，与前一方法比较，这一方法对农业技术进步的研究进一步细化。顾焕章等（1994）利用前沿生产函数对我国农业技术进步贡献率进行了测算，这种研究方法是国内最早的计算农业技术效率的工作，并对技术进步与技术效率的关系做了有益的探索。

（2）农业机械化贡献率研究。在农业机械对农业生产作用的量化中，引入贡献率的概念。农业机械化贡献率是农业机械化创造的农业利润占农业利润总额的比重，它指的是在相同的投入条件下，应用农机产生的经济效益，即农机化对产出增长的贡献份额，它是从经济角度反映农机化在生产中的地位和贡献。

截至目前，国际上并没有规范农业机械化对农业产出贡献率的测算方法，在实际测算中采用最多的主要有“生产函数法”和“有无比较法”。代海涛（2014）也利用“生产函数法”和“有无比较法”测算了吉林省2000—2011年农业机械化对农业经济增长的贡献度。钮杭、郑文钟（2012）建立了杭州市1994—2010年农业生产函数模型，依据柯布-道格拉斯生产函数和多元回归分析方法测算了该市在此期间农业机械化对农业产出的年均贡献率。刘小丹、孟为国（2015）同样利用该方法，建立了江苏省2000—2013年农业生产函数模型，定量的分析该地区的农业机械贡献率。杨青等（2000）运用柯布-道格拉斯生产函数和有无比较法，对陕西省1980年至今农业机械化对农业生产的贡献率进行了定量研究。弋晓康等（2011）采用有无比较法对新疆生产建设兵团第一师2007年农业机械化在农业生产中的贡献份额进行测算。林燕燕、王维新（2005）则根据农业机械发展的不同阶段，采用多个分析方法，测算兵团农机从起步到目前的贡献值。在发展阶段中，由于数据样本量大，数据较平稳，采用柯布-道格拉斯生产函数；在转制阶段，计算数据不平稳，采用有无比较法；在高速发展时期，虽趋势较平稳，但样本量较少，采用综合评价法。

（二）产业扶贫贡献率的先期探索

1. 产业扶贫的概念界定

2015年《中共中央国务院关于打赢脱贫攻坚战的决定》明确提出，为实现精准扶贫目标，须因地制宜地实施好“五个一批”工程，即发展生产脱贫一批、易地搬迁脱贫一批、生态补偿脱贫一批、发展教育脱贫一批、社会保障兜底一批。其中，“发展生产脱贫”又被政界、企业界称为产业化扶贫，统称产业扶贫（李博、左停，2016）。产业扶贫作为“五个一批”中的第一批，涉及对象最广、涵盖面最大，成为中国精准扶贫开发的重要战略。

虽然产业扶贫作为实现稳定脱贫、巩固脱贫成效的根本之策，其重要性也被政府部门和学界所认可，但是仍然未形成一个一致性的、权威性的界定。产业扶贫这个概念更多的落脚于政策层面，成为基于产业撬动贫困人口再生产方式的总称。但相关的一些研究已经基于政策的观察对产业扶贫进行了相对准确的概括，如黎沙（2016）认为，产业扶贫是指以市场为导向，以经济效益为中心，以产业发展为杠杆的扶贫开发过程，是促进贫困地区发展、增加贫困农户收入的有效途径，并把产业扶贫划分为政府主导的产业扶贫模式和企业主导的产业扶贫模式。汪三贵、胡联（2014）认为，产业扶贫就是“以产业发展为杠杆，使广大贫困户参与到产业生产中来，依靠发展产业带来的效益帮助贫困人口脱贫致富的方式”。与之类似，修兴高（2018）认为，产业扶贫是通过“造血”的方式，以贫困地区资源禀赋为基础、以市场为导向、以经济效益为中心、以产业发展为杠杆的扶贫开发过程，强调贫困地区、贫困户的自我积累和能力发展，在产业发展带动下，依靠自身力量实现脱贫致富。

借鉴以往学者的观点，本研究认为，产业扶贫是一种按照市场主导、政府引导、农户参与的原则，立足贫困地区资源禀赋，通过科学规划、选择和培育特色产业，采取合理的收益分配机制，辅以适当的政府支持政策，最终有效促进贫困人口增收和贫困地区发展的扶贫方式。产业扶贫不仅包括扶贫产业本身，而且囊括产业体系内具体的运营机制、利益分配、支持政策等多项内容；时间上，还是一个动态持续的概念，即在不同时期产业扶贫的产业内容、涉及主体、推进模式等都可能不尽相同。

2. 产业扶贫的绩效评估

（1）产业扶贫成效的总体评估。为了科学评价产业扶贫政策落实情况和工作成效，有学者开始定量分析产业扶贫工作取得的成效，尽管产业扶贫成效定量研究的成果较少，但无论从研究方法还是指标体系上均进行了有益的探索。如张正尧（2018）等结合国家统计局、国务院扶贫办相关数据，建立农业产业扶贫评价指标模型，采用层次分析法对全国农业产业扶贫成效进行定量评估。该模型将农业产业扶贫评价指标分解为三个维度，即扶贫成效、帮扶措施合理性和扶贫效率。该指标体系不仅考虑了产业扶贫对贫困地区农村居民人均可支配收入、贫困发生率下降和地区内农业产业增加等直接的影响，也兼顾了帮扶措施合理性和扶贫效率。在扶贫效率方面，用当年脱贫人口与当年农业产业扶贫资金投入表示脱贫效率，模型最后通过专家打分的方式，赋予各指标权重。结果表明，当前农业产业扶贫工作取得了积极进展，扶贫成效不断显现，帮扶措施更加合理，但资金的使用效率逐年下降。

层次分析法虽然是定量分析，但是该方法在指标权重的打分上受主观影响较大，而且在成效评价时忽略了投入指标，为克服方法和数据上的不足，有学者运用 BCC - DEA 模型，确定投入与输出指标。投入指标主要包括农村农林牧渔业固定资产投资额、耕地面积。输出指标包括减贫效果、农民收入、基础建设、教育医疗、环境卫生角度构建产业扶贫效果评估指标体系，对全国 21 个省（区、市）2014—2017 年的面板数据进行定量分析，结果发现，我国产业扶贫效果区域性比较显著，偏南的贫困地区产业扶贫绩效明显好于偏北的贫困地区。东部地区的扶贫绩效稳定，西部地区的扶贫绩效比较显著但波动性较大，中部地区的扶贫绩效不显著（曹委、张艳荣，2020）。

（2）产业扶贫成效的农户层面评估。由于产业扶贫成效的总体评估难度较大，更多的学者基于农户层面数据，采用案例、统计分析和计量经济方法从农户视角对产业扶贫成效进行了深入的研究。产业扶贫对贫困户收入的影响最为直接，部分学者认为产业扶贫项目的实施有利于提高贫困农户的收入或改善其生计状况，所以产业扶贫的经济效益成为农户层面评价的主要指标。

张玲（2018）从微观角度选取邯郸市康源种植有限公司，考察扶贫龙头企业对当地贫困户收入提高的促进作用。该企业通过普通农户承包、与贫困户订立劳动合同、无劳动能力贫困户入股、反租倒包式等形式与贫困户建立利益联结机制，有效增加了贫困户农业经营性收入和工资性收入。

为了定量分析产业扶贫对农户增收的效果，部分学者基于农户视角，采用多种计量经济方法进行定量分析。如胡晗等（2018）基于陕西省 863 户贫困户数据，运用 Probit 模型和粗略精确匹配方法估计产业扶贫政策对贫困户家庭收入的影响，发现产业扶贫政策对贫困户的种植收入、养殖收入和家庭总收入具有显著的正向影响，减少了贫困户的外出务工收入，对家庭人均收入和经营商业收入的影响并不显著。巫林洁等（2019）基于江西省 1 047 户贫困户的数据，运用多元线性回归对产业扶贫效果进行了实证分析。发现产业扶贫对贫困农户的收入产生了正向影响，但影响还没有充分发挥。其中，是否享受产业扶贫政策和获得产业扶贫政策的利息红利对贫困户收入有显著的正向影响，获得产业扶贫政策帮扶项数对贫困户收入的影响不显著。宁静等（2019）基于乌蒙山和六盘山片区产业扶贫试点项目农户准实验研究数据，采用双重差分法（DID）分析了产业扶贫项目对贫困农户收入的影响。发现产业扶贫项目对家庭人均总收入具有正向作用，具体而言，产业扶贫项目对人均财产性收入和转移性收入有显著正向影响，对人均经营性收入和工资性收入影响不显著。张玲等（2019）以国家扶贫开发重点县河北省承德平泉市种菌农户为研究对象，采用二元回归模型，对产业扶贫影响农户收入、农户就业机会和农户创收能力变化分别进行实证分析，评价平泉市食用菌产业扶贫的效果，结果表明，食用菌产业园区的扶贫带动能在一定程度上提高农户收入、提高农户就业机会，对扶贫产生积极作用。

（3）产业扶贫成效的其他方面评估。还有学者基于社会效益维度，对扶贫成效进行评价。张玲等（2018）在分析基于对河北省邯郸市肥乡区产业扶贫模式运行绩效进行评价时，在分析经济效益的基础上，进一步分析产业扶贫的社会效益，认为产业扶贫带动农业扶贫产业全产业链联动发展、促进扶贫产业园区建设、助推智力扶贫向纵深发展、加快本地区行业标准规范的建立、助力扶贫可持续性发展。张玲等（2019）评价平泉市食用菌产业扶贫的效果时，也采用农户就业机会的变化、参加培训的次数、培训效果等指标对产业扶贫的社会效益进行分析。尤琳、魏日盛（2020）在分析“村党支部＋合作社”产业扶贫模式的三个案例后，发现该模式在推动农村经济发展和提升贫困户发展能力等方面取得较好成效。陈恩（2019）从结构主义建构论出发，将贫困户的主体性因素和外在的结构性因素置于解释产业扶贫成败的理论框架，并借用阿玛蒂亚·森的“可行能力”作为贫困户主体性的核心内容，研究结果认为，产业扶贫的核心目的是要培养贫困户的自我发展能力，产业的市场逻辑和政府的行政逻辑作为约束产业扶贫的外在结构性因素，不利于贫困户的自我发展能力提升，从而造成产业扶贫的效果偏离预期目标。

在评价产业扶贫成效时，部分学者也提出了产业扶贫实践中存在的问题，广义来说，这些存在的问题也是产业扶贫评价体系的一部分。比如产业扶贫项目在分配阶段存在“精英捕获”现象、内生动力不足的贫困户容易被产业扶贫主体忽视、产业扶贫主体的补贴政策门槛偏高且容易忽略小微产业扶贫主体的扶贫贡献（修兴高，2018），在产业进行中易遭遇由逆向软预算约束带来的“政策性负担”以及规模化经营不善等问题；最终在产业完成之后又面临着后续维护的缺失与农民生计系统的损害等问题（许汉泽、李小云，2017）。

（三）精准扶贫的成效评价

相对于产业扶贫成效评估的研究来说，精准扶贫成效评估开展较早，其评价体系较为完善，评价方法也较为成熟。因此，无论从精准扶贫的评价指标体系选取和方法选择均能为产业扶贫贡献率的研究提供了很好的借鉴作用。

1. 精准扶贫成效的指标体系

近年精准扶贫的评价体系不断完善，各地根据实地情况对精准扶贫的指标体系进行丰富，总的来看，精准扶贫成效评价的指标体系较为全面，不仅包括减贫效果，还包括效率、可持续发展等指标。此外，随着国家政策的调整，一些基础设施的指标也纳入其中。

付英、张艳荣（2011）从政策相关性、扶贫效率、扶贫效果、可持续发展能力四个方面入手，建立了针对贫困地区的综合性扶贫绩效评价指标体系，并以兰州市“三县一区”为研究样本进行总体评价与动态评价。柳志、王善平（2020）从精准识别、精准帮扶、精准扶贫效率、精准扶贫效果、可持续发展五个维度构建精准扶贫绩效评价指标体系，并以湘西土家族苗族自治州2016年数据对所属县进行扶贫绩效评价。陈小丽（2015）结合2013年湖北省10个少数民族聚居县市数据，从扶贫的直接效果、经济发展水平、社会发展水平、扶贫投入水平四个方面构建三级指标体系，对民族地区扶贫绩效进行定量研究，并对扶贫绩效进行评价和排序。

还有部分学则在侧重精准扶贫成效评价的同时，也将扶贫投入纳入指标体系进行考量。段妍珺（2016）构建了较为完善的精准扶贫评价指标体系。该体系包括投入指标和产出指标，其中投入指标划分为扶贫资金指标和精准扶贫指标，扶贫资金指标用年度扶贫资金的投入来表示，精准扶贫指标是用建档立卡贫困户占贫困人口比重和平均每个贫困户对应的帮扶干部数表示；产出指标包含政策减贫指标和社会减贫指标两个部分。政策减贫指标包含年度“减贫脱帽”贫困乡镇个数、减少农村贫困人口数，体现了各级政府的直接帮扶力度；社会减贫指标包括农村常住居民人均可支配收入、新增通村公路里程、新建安全饮水处、新增3G及4G基站、农村从业人口同比增长、贫困人口参加农村合作医疗比例。黄强等（2019）也从投入端考虑识别和帮扶，从产出端考虑具体成效。以精准识别、精准帮扶、生活水平、基础设施、减贫效果五个方面为一级指标来考量江西省精准扶贫绩效。

2. 精准扶贫成效评估的研究方法

（1）层次分析法。层次分析法（AHP）是将定性分析与定量分析有机结合起来的方法，解决了定性指标难以量化、无法准确描述事实等一系列问题，在绩效评价方面广为运用。层次分析法是将与决策总是有关的元素分解成目标、准则、方案等层次，在此基础之上进行定性和定量分析的决策方法。将决策者对复杂系统的决策思维过程模型化、数量化的过程，适合应用于以定性分析为主的决策问题。在实践上，陈小丽（2015）基于层次分析法的模型和思想，结合2013年湖北省10个少数民族聚居县市数据，对民族地区扶贫绩效进行定量研究，并对扶贫绩效进行评价和排序。陈爱雪、刘艳（2017）以我国精准识别及精准帮扶等内核为基础，构建精准扶贫绩效评价体系，并运用层次分析法加以分析。李燚、葛国耀（2018）用层次分析法对大别山片区5个国家级贫困县扶贫开发工作的绩效分析。

（2）数据包络分析。数据包络分析法（DEA）可以分析多投入多产出的有效性，不仅可以评价绩效，还可以评价指标的相对效率，近年，该方法在精准扶贫成效评价领域也都得到了较为广泛的运用。它基于相对效率概念，选取数学规划（包括线性规划、多目标规划、随机规划等）作为主要工具，优化为主要方法，根据多投入和多产出指标，对相同类型的决策单元进行相对有效性的多指标综合评价。在实践上，段妍珺（2016）利用数据包络分析法对甘肃省精准扶贫绩效进行了分析。刘彬等（2019）运用数据包络分析法，对安徽省阜阳市三个国家级贫困县 2007—2016 年的扶贫绩效进行时序上的分析。也有学者对该模型进行改进，钱力等（2018）运用三阶段 DEA 模型和超效率 DEA 模型分析安徽省大别山连片特困地区扶贫绩效，判断不同环境因素对扶贫投入效率的影响，并结合具体绩效空间分布情况对 12 个县 2012—2016 年的扶贫绩效进行时序分析。

（3）因子分析法。因子分析法虽然具有一定优势，但是其在绩效评价时难以全面分析绩效，该方法运用相对较少。因子分析的基本思想是通过对变量的相关系数矩阵内部结构的研究，找出能控制所有变量的少数几个随机变量描述多个变量之间的相关关系，然后根据相关性的大小把变量分组，使得同组内的变量之间相关性较高，使不同组内的变量相关性较低。对于所研究的问题便可试降维，用最少个数的所谓因子的线性函数与特殊因子之和来描述原来观测的每一变量。因子分析可以消除指标间的信息重叠，抽象出事物的本质属性，不仅可以综合评价，还可以综合分析对其产生影响的主要因素。在实践上，段妍珺（2016）对甘肃省精准扶贫绩效进行分析。钱力、葛安佳（2017）采用因子分析法，对安徽省大别山连片特困区及 12 个贫困县 2012—2016 年扶贫开发绩效进行分析。

（四）评述

综合看，上述研究或多或少存在着以下问题。突出表现在：已有研究并未直接回答产业扶贫的贡献应该怎么衡量？贡献究竟有多大？已有研究虽然对产业扶贫的贡献率进行初步测算，比如用当年脱贫人口与当年农业产业扶贫资金投入的比值衡量脱贫效率，但这种计算方法将脱贫效果与产业扶贫资金直接挂钩，忽视了其他扶贫措施的成效，难以正确测算产业扶贫的实际贡献。部分研究在采用投入导向型的 BCC－DEA 模型构建产业扶贫评价指标体系时，选取农村农林牧渔业固定资产投资额代表产业扶贫投入，因无法剥离出产业扶贫的准确金额，也难以准确衡量产业扶贫贡献率。已有研究尽管对产业扶贫贡献率有了初步探索，但由于数据的缺乏，选取的指标都无法准确地测量产业扶贫的贡献率。

此外，纵观现有研究还可以发现：①产业扶贫尚缺乏系统性、科学性的概念界定，产业扶贫在不同的语境下内涵会有差异，也直接导致对产业扶贫贡献识别、衡量和测算的结果不同。②已有研究所关注的都是具体地域或具体产业的一些方面，缺乏宏观层面对产业扶贫贡献更加系统的研究。③目前大多数研究是以贫困县、贫困乡村、贫困户为研究对象，尤其忽视了对贫困地区非贫困村、普通农户的调查，其代表性不足，容易低估产业扶贫的作用及贡献，而且缺乏对区域宏观、产业中观、农户微观三者综合系统的考察。④产业扶贫评价的指标有待完善。扶贫产业发展存在“益贫性”与“效益性”双重政策目标，现有指标更多从经济效益指标对产业扶贫进行评价，缺少对产业扶贫成效间接效果的评价，现有产业扶贫评价的指标并不全面。

尽管在产业扶贫贡献率方面，现有研究不足，但是在贡献率、产业扶贫成效以及精准扶贫成效评价等方面，前人大量的研究为本研究提供了有益的借鉴：①从贡献率的研究来看，无论是概念还是数理运算贡献率的计算都较为成熟，在实际应用方面，很多学者也进行了卓有成效的研究，尤其在农业经济领域，农业技术贡献率和农业机械贡献率的研究方法已经较为成熟，相关研究为本研究的产业扶贫贡献率测算方法选择上提供了有益的参考。②从产业扶贫的成效评价来看，已有研究在评价指标体系的构建、评价方法的选择以及对产业扶贫存在问题方面的探索，都为本研究深入研究产业扶贫贡献率提供了有益的借鉴。③从精准扶贫成效的评价来看，由于该领域研究相对产业扶贫成效评价较早，在精准扶贫评价体系的建立和研究方法的选择均为后续研究提供有益的参考，尤其是评价指标体系的构建上，由于扶贫产业发展存在“益贫性”与“效益性”双重政策目标，而精准扶贫成效评估同样包括经济效益与社会效益等多重评价体系，在进行产业扶贫贡献率测算时，为本研究提供了较为成熟的分析思路与范式。

有鉴于此，通过科学、全面地测量产业扶贫贡献率，对当前总结历史政策、为延续产业扶贫政策具有重要的现实意义。本研究开展的产业扶贫贡献的研究不仅有助于更好地从数据上证明产业扶贫是否有贡献，贡献有多大，表现出怎样的地域特点，客观地评价过去。更重要的是，可以从中发现问题，为脱贫攻坚战和2020年后产业发展提供决策参考，并指导脱贫摘帽地区未来如何更好地巩固脱贫成果并实现乡村产业振兴。

第三章

调研设计与抽样情况

一、调研内容

此次调查开展时间为 2020 年 8—9 月，主要搜集 2015—2019 年期间贫困地区产业扶贫政策支持、产业扶贫投入、产业发展及带贫减贫的情况，以期对脱贫攻坚战过程中的产业扶贫贡献进行测算。

（一）户、村、县三个层面的调研

1. 农户调研内容

调研内容主要包括三个方面：一是农户家庭人员信息，二是农户家庭参与产业扶贫的情况，三是农户家庭收入及产业扶贫带动增收情况。

2. 村级调研内容

调研内容主要包括三个方面：一是行政村建档立卡及减贫情况，二是行政村产业发展与扶贫情况，三是行政村集体经济收入情况。

3. 县级调研内容

调研内容主要包括三个方面：一是产业扶贫政策支持情况，二是服务支撑产业扶贫情况，三是新型农业经营主体发展及其带贫减贫情况。

（二）关键调查指标设计

基于上文对产业扶贫贡献的界定，本研究科学构建测算指标体系，选择客观合理的测算指标，识别和衡量产业扶贫在不同层面的贡献。

广义的产业扶贫贡献涉及经济、产业、农户等多个层面，每个层面又涉及多个指标，为了综合多个层面的贡献，本研究初步构建了一个三级指标体系。其中，一级指标包括经济发展、产业发展、农户增收三个方面。经济发展指标将从产业扶贫对区域经济发展、农村集体经济发展等方面设计二级指标。产业发展指标将从扶贫产业经营主体培育、主体带贫、产业发展可持续性等方面设计二级指标。贫困户发展指标将从贫困户增收、产业参与、能力提升等方面设计二级指标。每个二级指标下设若干三级指标。

具体计算产业扶贫贡献率时，依据所用数据的来源及可得性，将主要根据数据来源，如县层面数据、行政村层面数据、农户层面数据分县、村、户三个主要层面对产业扶贫在相关维度的贡献率指标进行计算分析（见表3-1）。

表3-1　产业扶贫贡献率计算指标

<table>
<tr><th></th><th>一级指标</th><th>二级指标</th><th>三级指标</th></tr>
<tr><td rowspan="23">县贡献率</td><td rowspan="4">经济发展</td><td rowspan="2">县域经济发展</td><td>产业扶贫资金投入对县农业GDP贡献率（%）</td></tr>
<tr><td>信贷资金投入对县农业GDP的贡献率（%）</td></tr>
<tr><td rowspan="2">增收减贫</td><td>产业扶贫投入对贫困县农民增收的作用（%）</td></tr>
<tr><td>产业扶贫投入对贫困人口减少的作用（%）</td></tr>
<tr><td rowspan="19">产业发展</td><td rowspan="4">产业经营主体培育</td><td>扶贫龙头企业数量（个）</td></tr>
<tr><td>农民专业合作社数量（个）</td></tr>
<tr><td>家庭农场数量（户）</td></tr>
<tr><td>新型农业社会化服务组织数量（个）</td></tr>
<tr><td rowspan="11">产业经营主体带贫水平</td><td>扶贫龙头企业带动贫困人口数量（人）</td></tr>
<tr><td>农民专业合作社带动贫困人口数量（人）</td></tr>
<tr><td>家庭农场带动贫困人口数量（人）</td></tr>
<tr><td>扶贫龙头企业带动贫困人口增收（元）</td></tr>
<tr><td>农民专业合作社带动贫困人口增收（元）</td></tr>
<tr><td>家庭农场带动贫困人口增收（元）</td></tr>
<tr><td>产业扶贫基地数量（个）</td></tr>
<tr><td>注册商标品牌个数（个）</td></tr>
<tr><td>获得有关产品认证数量（个）</td></tr>
<tr><td>形成的产业园区个数（个）</td></tr>
<tr><td>产业扶贫基地数量（个）</td></tr>
<tr><td rowspan="4">产业发展可持续性</td><td>注册商标品牌个数（个）</td></tr>
<tr><td>获得有关产品认证数量（个）</td></tr>
<tr><td>形成的产业园区个数（个）</td></tr>
<tr><td>扶贫产业收入占集体经济收入比重（%）</td></tr>
<tr><td rowspan="6">行政村贡献率</td><td>经济发展</td><td>对村经济发展作用</td><td>扶贫产业收入占集体经济收入比重（%）</td></tr>
<tr><td rowspan="5">产业发展</td><td rowspan="3">村支柱产业培育</td><td>行政村稳定产业数量（个）</td></tr>
<tr><td>行政村产业产销规模（万元）</td></tr>
<tr><td>行政村商标品牌数量（个）</td></tr>
<tr><td rowspan="2">村支柱产业带贫水平</td><td>行政村产业新型农业经营主体参与度（%）</td></tr>
<tr><td>行政村产业带头人数量（个）</td></tr>
</table>

（续）

	一级指标	二级指标	三级指标
农户贡献率	收入增加	贫困户增收	贫困户增收（%）
			产业扶贫对贫困户增收的作用（%）
		农户增收	农户增收（%）
			产业扶贫对农户增收的作用（%）
	扶贫产业参与	贫困参与	贫困户参与产业生产经营户数或比例
			贫困户就业人数或比例
			贫困户加入农民专业合作社的比例（%）
		农户参与	农户参与产业生产经营户数或比例
			农户就业人数或比例
			农户加入农民专业合作社的比例（%）

二、抽样设计

（一）省级层面

为了保证调查样本对我国贫困地区的代表性，课题组综合考虑国家扶贫开发工作重点县、连片特困地区、民族贫困地区在各省（区、市）的分布，最终选取了河北、甘肃、陕西、湖南、四川、贵州、云南7个省份。

（二）县（市）级层面

在每个省，综合考虑片区县、重点县和民族地区的情况，每个省随机选择4个代表性的贫困县。最终选取的28个样本县中，包括深度贫困县16个、少数民族民族贫困县7个。样本点涉及燕山—太行山区、六盘山区、秦巴山区、武陵山区、乌蒙山区、滇桂黔石漠化区、滇西边境山区7个连片特困地区（见表3-2）。

表3-2　样本分布

序号	样本省	样本县名单			
1	河北	怀安县	丰宁满族自治县*	张北县*	海兴县
2	甘肃	甘谷县	静宁县*	通渭县*	永靖县*
3	陕西	西乡县	紫阳县*	丹凤县*	宜川县
4	湖南	城步苗族自治县*	通道侗族自治县*	泸溪县*	平江县*
5	四川	叙永县	屏山县	喜德县*	阆中市

（续）

序号	样本省	样本县名单			
6	贵州	镇宁布依族苗族自治县	从江县*	三都水族自治县*	赫章县*
7	云南	墨江哈尼族自治县	凤庆县	巍山彝族回族自治县	福贡县*

注：*代表深度贫困县。

（三）农户层面

在每个县（市），按经济发展与减贫情况，计划随机选取4个代表性的行政村，其中3个为贫困村，1个为非贫困村。每个村选取10户代表性农户，其中8户为建档立卡贫困户，2户为一般户（非建档立卡户）。

最终，样本覆盖7个省、28个贫困县（重点县或片区县）、112个行政村、1 120户农户。此次7省28县的1 120个样本农户中，建档立卡贫困户886户，占总样本量的79%，其中740户已经摘帽；非建档立卡贫困户（或一般农户）234户，占总样本量的21%。

第四章

全国产业扶贫总体情况

自 1986 年实施大规模扶贫开发以来，产业扶贫一直作为我国扶贫开发的重点工作得以不断推进，尤其是 2013 年以来，在精准扶贫方略指引下，产业扶贫在政策上不断完善和创新，在实践上不断丰富和深化，成为扶贫开发的重要支柱。回顾产业扶贫的发展历程及政策演变，有助于深化对产业扶贫贡献的认识。在脱贫攻坚战中，产业扶贫更是堪当重任，投入力度空前，并取得了不凡的成效。

一、产业扶贫历程及政策演变

我国产业扶贫及政策制定具有鲜明的阶段特征和清晰的演变脉络。阶段上，我国的产业扶贫及政策演进可以分为起步摸索、雏形确立、加速推进、精准施策四个发展时期。脉络上，采取了先易后难、由面到点的发展思路，经历了农地改革自发扶贫、县域产业开发扶贫、村级造血产业扶贫、特色产业精准扶贫等演变过程。特征上，具有顶层设计不断完善、基础环境持续改善、多元主体有序参与、差异政策持续发力等特征。

（一）产业扶贫发展历程

自改革开放以来，我国的产业扶贫政策演变始终贯穿于国家整体扶贫战略演变的过程中，并随着国家宏观经济发展和扶贫整体战略的调整而不断调整，不同时期的产业扶贫政策具有明显的阶段性特征。本研究将产业扶贫大致划分为四个阶段，即产业扶贫的起步摸索阶段（1978—1985 年）、产业扶贫的雏形确立阶段（1986—2000 年）、产业扶贫的加速推进阶段（2001—2012 年）、产业扶贫的精准施策阶段（2013 年至今），具体分为：

1. 农村经济体制改革推动下的起步摸索阶段（1978—1985 年）

我国在 1978 年的全国民政工作会议后，首次把扶贫从农村救济中分离，专门划定了农村的贫困标准，并有了专门针对扶贫的政策文件。1978 年，党的十一届三中全会审议通过了《中共中央关于加快农业发展若干问题的决定（草案）》，在农村地区快速地打破了人民公社制度和绝对平均主义的分配制度。1978 年后，人民公社制度被取消，农村以家庭联产承包责任制为基础，实行包产到户和包干到户，激发了农民生产积极性，农业生产效率得到大幅提高。1982 年和 1985 年的中央一号文件调整了农产品的封闭流通体制，逐步形成多渠道、少环节和开发式的流通体制，对农产品购销价格体制进行了改革，使农业产业进一步市场化。同时，中央也利用专项资金扶持部分极端贫困地区的经济发展：1980 年设立“支援经济不发达地区发展资金”，用于支持老少边穷地区的经济发展；1982 年，开始实施为期 10 年的“三西”农业建设计划，积极支持极贫地区改善基础设施、治理生态和发展农业产业。

这一阶段，农村土地制度、市场制度等方面的一系列改革措施的逐步落实，有效地刺激了农民农业生产的积极性和市场活力，农村逐渐出现了专业化生产，在农村实施了广义上的农业“产业扶贫”政策，但该阶段仍然是以“输血式”扶贫为主。

2. “开发式”扶贫下的产业扶贫的雏形确立阶段（1986—2000 年）

政府总结前一阶段生活救济式扶贫方式，认为这种方式很难激发贫困人口形成自我发展能力。我国由此开始改变以往救济式扶贫模式，实行大规模有针对性的扶贫计划，并逐步确立了以经济开发和自我能力开发为主的“开发式”扶贫方针，成为我国后来实施的产业扶贫最原始的雏形。1986 年，“开发式”扶贫工作正式列入国民经济“七五计划”，并首次选择以县为基础的扶持单元。1987 年，国务院下发《关于加强贫困地区经济开发工作的通知》，提出以“促进区域增长”为主要目标的扶贫开发战略，并通过各类产业项目的实施来推进区域“开发式”扶贫。20 世纪 90 年代初，农业产业化开始逐步被纳入国家发展计划，产业化理念也开始引入扶贫工作中。1993 年，国家在 18 个集中连片的贫困地区划定了 592 个国家重点贫困县，通过基础设施建设和特色产业培育，增强贫困地区和贫困人口的自我发展能力。1994 年，国务院发出关于印发《国家八七扶贫攻坚计划》的通知，提出要“依托资源优势，按照市场需求，开发有竞争力的名特稀优产品”，特色产品开始正式进入扶贫领域。1997 年，国务院印发《国家扶贫资金管理办法》，要求实施扶贫项目应当以有助于直接提高贫困户收入的产业作为主要内容。

这一阶段，重点是以区域产业开发带动扶贫，但多数地区政府以发展地方工业产业为主，涉农产业较少，而且绝大多数项目措施仍然带有输血的性质。同时，这一阶段国家也出台了一些市场化和差异化的产业扶贫相关政策，并开始注重改善贫困地区产业发展的基础设施、市场环境等软硬件条件。

3. 整村推进战略下产业扶贫的加速推进阶段（2001—2012 年）

自《国家八七扶贫攻坚规划》结束后，农村贫困人口分布相对较为分散，需要对扶贫开发战略作结构性调整，即将瞄准对象从贫困县转向贫困村，提高村级发展水平及自我造血能力。为此，2001 年，国务院印发《中国农村扶贫开发纲要（2001—2010 年）》，正式提出“产业化扶贫”概念，且对产业扶贫的具体思路和举措进行了明确的规定，把发展种养业和推进农业产业化经营作为八个扶贫开发的重要内容与途径。产业扶贫自此开始不断加速推进，在整个扶贫开发体系中逐步占据日益重要的位置。2011 年，中共中央、国务院印发《中国农村扶贫开发纲要（2011—2020 年）》，文件再次明确了产业扶贫的发展方向、任务目标和实现路径，将产业扶贫列为七个专项扶贫板块的重要内容之一。2012 年，国务院扶贫办、农业部、林业局、旅游局联合印发《关于集中连片特殊困难地区产业扶贫规划编制工作的指导意见》，该意见要求相关地区需要编制产业扶贫规划，并规定每个片区县用于产业发展的扶贫资金要占财政专项扶贫资金的 70％以上。

该一阶段，产业扶贫获得了前所未有的重视，在扶贫开发工作中占据重要的位置，也取得了长足的进步与发展，促成对贫困地区产业结构进行了较大调整，探索创新了“公司＋基地＋农户”“公司＋合作社＋基地＋农户”“订单农业”等一系列的经营模式，并加强了对贫困地区的教育培训等人力资本投资。

4. 精准扶贫战略下产业扶贫的精准施策阶段（2013 年至今）

2013 年 11 月，习近平总书记在湖南省湘西土家族苗族自治州花垣县排碧乡十八洞村考察时，首次提出了“精准扶贫”，强调扶贫要实事求是、因地制宜、分类指导、精准扶贫。此后，这一战略思想得到不断的拓展和深化，其中产业扶贫也正是在这个过程中得到不断创新、完善和再深化。2013 年 12 月，中共中央办公厅、国务院办公厅印发《关于创新机制扎实推进农村扶贫开发工作的意见》，该意见将“特色产业增收”工作列为重点解决的 10 个突出问题之一。2014 年 5 月，农业部、国家林业局、国务院扶贫办等七部门联合制定了《特色产业增收工作实施方案》，为我国 14 个连片特困地区明确了区域性的主导产业及建设重点。

2015 年 11 月，中共中央、国务院印发的《中共中央国务院关于打赢脱贫攻坚战的决定》进一步提出分类施策确保按时脱贫的“五个一批”工程，其中“发展生产脱贫一批”重点要解决 3 000 万贫困人口脱贫。2016 年 5 月，农业部、国家发改委、财政部等九部门联合印发《贫困地区发展特色产业促进精准脱贫指导意见》，将“科学确定特色产业”作为产业扶贫的首要任务。《中华人民共和国国民经济和社会发展第十三个五年规划纲要》中，把特色产业扶贫列为脱贫攻坚八大重点工程之首。2016 年 11 月，国务院印发的《“十三五”脱贫攻坚规划》中，对产业扶贫的具体路径和举措进行了详细的阐述。2018 年 6 月，《中共中央国务院关于打赢脱贫攻坚战三年行动的指导意见》提出要“积极培育和推广有市场、有品牌、有效益的特色产品”。

这一阶段，围绕发展特色扶贫产业，中央和地方有关部门，相继出台了一系列行之有效的综合措施，打出政策组合拳，整个产业扶贫政策体系框架更加完善，加大资金投入、科技支撑、产品促销等，培育了一批特色鲜明的扶贫产业，特色种养业扶贫、旅游扶贫、电商扶贫、光伏扶贫、资产收益扶贫实践模式不断创新，形成了产业发展支撑脱贫增收的良好态势，涉及的产业扶贫举措更实、投入更大。

（二）产业扶贫政策评价

从产业扶贫的演变路径可以看出，党和政府始终关注贫困地区产业的培育和发展，尤其是自 1986 年开始大规模、有组织地扶贫开发以来，产业扶贫一直作为扶贫开发的重点工作不断加速推进，产业扶贫政策在其中发挥了积极的作用。在长期的产业扶贫过程中，我国的产业扶贫政策形成了自己的特色。

1. 不断完善顶层政策设计

坚持加强顶层设计、强化发展指导，帮助贫困地区转变发展理念、明确重点任务。2016 年 5 月，农业部等九部门联合印发了《贫困地区发展特色产业促进精准脱贫指导意见》，提出了到 2020 年的特色产业扶贫目标，制定了支持特色产业发展的政策措施，明确了具体工作要求。各贫困地区都把培育产业作为推动脱贫攻坚的根本之策，积极探索符合本地实际的扶贫产业发展路子，因地制宜编制产业扶贫规划或实施方案，建设特色产业生产基地。中央和地方有关部门，围绕加大资金投入、金融扶持、科技支撑、产品促销等，出台了一系列行之有效的政策措施，有力地支持了扶贫产业发展。截至 2018 年年底，贫困县整合使用财政涉农资金 8 200 亿元，支持贫困户发展产业的小额信贷资金达到 5 600 亿元，组建各类产业技术专家组 4 100 多个。

2. 持续聚焦基础环境改善

改革开放以来，政府不断加大对贫困地区的基础设施建设，并提高贫困地区公共服务水平。如 1982 年中央财政专项拨款达 20 亿元，实施为期十年的“三西”农业建设计划，后期相关“七五”规划及“国家八七扶贫攻坚计划”、文件等也都将改善基础设施建设及公共服务等基础环境列为重中之重。除此之外，对于贫困地区的人才培养、技术支撑、金融环境等也得到了持续的改善，这些都为整个产业扶贫奠定了坚实的基础。

3. 有序引导各界多元参与

产业扶贫始终离不开政府的大力支持与有效引导，道路、水电等基础设施建设需要大量的资金和人力投入，而且也需要开展人才培养和技术支撑。改革开放以来，党和政府一直是扶贫工作的主导者，并在1986年设立专门的扶贫机构，承担起扶贫开发的艰巨任务。党的十八大以来，更是将精准扶贫工作提高到前所未有的政治高度。此外，也积极鼓励各类企业、社会组织等全社会成员共同参与扶贫，同时也和其他国家积极开展减贫合作。受此影响，在产业扶贫过程中，村庄精英作为社会成员正发挥着越来越重要的影响（闫春华，2019）。

4. 持续实施差异支持政策

经过多年的产业扶贫实践，国家对于贫困地区扶贫产业发展规律已经有了较为深刻的认识，即专业化、特色化是产业扶贫的基本特点，产业扶贫必须建立在当地资源禀赋和发展实际情况基础之上。尤其在“国家八七扶贫攻坚计划”下发后，国家逐步调整扶贫基本单元，开始实行差别化的分类支持政策，重点从区域性产业扶贫转向一家一户的精准产业扶贫，通过具体的、有针对性的、特色的产业扶贫项目来带动贫困人口脱贫。

二、脱贫攻坚期间全国产业扶贫情况

发展产业是实现贫困人口稳定脱贫的主要途径和长久之策。党的十八大以来，国务院扶贫办等部门不断强化贫困地区特色产业发展指导推进力度，出台完善政策举措，扎实推进贫困地区财政金融投入、科技人才服务、农产品产销、新型农业经营主体培育对接等重点工作，促进贫困地区发展产业带动就业增收取得明显成效。

（一）产业扶贫投入情况

1. 财政、金融、保险扶贫资金投入力度前所未有

“十三五”以来，财政专项扶贫资金投入力度不断加大，2016—2020年，中央财政专项扶贫资金连续5年每年新增安排200亿元，2020年达到1 461亿元①。其中，2016—2019年，40%的财政专项扶贫资金投入产业扶贫，贫困县统筹整合财政涉农资金超过1.2万亿元，用于产业发展的资金达4 100多亿元，占比为35%②。

扶贫信贷破解了贫困户贷款难的难题。实施扶贫信贷政策，有效降低了贫困户贷款门槛和贷款成本，极大提升了贫困户获贷的便利度。通过给贫困户授

① 李忠峰，2020. 为高质量打赢脱贫攻坚战供足“军需”——财政部全力支持决战决胜脱贫攻坚综述［N］. 中国财经报，2020-10-24.

② 数据来源：国务院扶贫办相关资料。如无特殊说明，下文同。

信，对贫困户给予免抵押免担保的信用贷款，解决了贫困户贷款难、贷款贵的问题。截至 2020 年 6 月底，全国金融精准扶贫贷款余额 4.21 万亿元，个人、产业和项目精准扶贫贷款在质和量上比 2015 年都有较大提升，832 个国家扶贫开发重点县的农村基础金融服务覆盖率达 99.60%①。其中，全国累计发放扶贫小额信贷 6 546.3 亿元，惠及贫困户 1 653.5 万户（次），平均每户（次）获得小额信贷 4.0 万元。截至 2020 年 3 月底，各级财政累计安排财政贴息资金 397 亿元。目前，贷款余额还有近 2 000 亿元，逾期率只有 0.66%。

保险扶贫工作扎实深入推进，保险扶贫广度深度不断拓展。2016—2019 年，保险业累计为 9 800 多万户次贫困户提供风险保障 9 100 多亿元。截至 2020 年 6 月底，保险服务的乡镇覆盖率达 99.90%。保险机构累计为贫困地区提供风险保障超过 100 万亿元，赔款支出近 4 000 亿元②。同时，保险机构在做好政策性农业保险“应保尽保”的基础上，针对各地“一县一品”等产业发展需求，创新开发特色农险产品，推出收入保险、“保险＋期货”等新型农险产品，推动农业保险从“保成本”向“保价格、保收入”转变。

2. 科技投入力度前所未有

科技扶贫是我国“十三五”期间实施脱贫攻坚的重要战略措施，是解决贫困地区生产技术落后和技术人才极度缺乏的现实状况的有效举措，更是由“救济式”扶贫向依靠科技“自主式”脱贫转变的重要标志。

（1）农业农村部、科技部等部门调动全国农业科技系统力量为贫困地区产业扶贫提供技术服务支撑，指导 832 个贫困县组建产业扶贫技术专家组 4 100 多个，为“三区三州”等深度贫困地区选派 544 个技术专家组，在 22 个脱贫任务重的省份全面实施农技推广服务特聘计划，在 621 个贫困县招募特聘农技人员 3 000 多名，指导各地选聘 26 万多名贫困户产业发展指导员，切实提升产业扶贫技术支撑保障水平。

（2）落实习近平总书记 2019 年 10 月关于科技特派员制度推行 20 周年作出的重要指示精神，坚持人才下沉、科技下乡、服务“三农”。截至 2020 年，科技人才在边远贫困地区、边疆民族地区和革命老区“三区”服务成效显著，服务乡镇 4.27 万个，服务带动农户 496.4 万户，服务企业、合作社、农民协会等机构 5.57 万个，创办领办企业、合作社、农民协会等 0.96 万个，引进新品种 5.66 万个，推广新技术 5.99 万个，建立示范基地 3.16 万个，培养基层技术骨干 37.12 万人，举办培训场次 16.36 万期，培训农民 1 156.85 万人次；科技特派员服务贫困村的覆盖面不断扩大，从 2017 年的 18 998 个村扩大到

---

①② 张琼斯，韩宋辉，2020. 银行保险业做好金融扶贫文章：扶贫信贷投放大幅增加保险扶贫广度深度不断拓展 [N]. 上海证券报，2020-10-15.

2020 年的 100 000 个村①。

（3）充分发挥农业科技园区对创新资源的集聚作用，为脱贫攻坚聚集人才、资金、项目等。各地因地制宜建设网上农业科技信息服务平台，拉近了科技人员与贫困村、贫困户的距离，极大提高了科技服务效率。建设在贫困县的农业科技园区成为贫困地区科技集中示范区，目前共建有国家农业科技园区 61 个，升级农业科技园区 312 个。

3. 社会扶贫投入力度前所未有

（1）充分发挥东西部扶贫协作和对口支援机制作用，助力深度贫困地区攻坚。产业扶贫已经成为东西部扶贫协作、中央单位定点扶贫的重点内容和各地省内协作、对口帮扶的重点方向。以新疆、西藏为例，从 2017 年起，国务院扶贫办连续四年在当地召开深度贫困地区脱贫攻坚暨对口帮扶现场推进会，每年引荐一批产业项目支持当地扶贫产业发展。累计推动东部地区与新疆、西藏、青海三省区现场签约项目 2 000 多个，签约资金 400 多亿元，已到位资金近 300 亿元。2019 年 8 月会同全国工商联开展“民营企业南疆行”活动，签订项目 176 个，总投资 317 亿元，将提供 20 万个就业岗位。

（2）强化产销对接和消费扶贫，逐步形成多元营销格局。开展贫困地区农产品产销对接行动，利用各类展销活动和媒体平台宣传推介贫困地区农产品，2019 年举办 10 场以上产销对接活动，活动基本覆盖全国集中连片特困地区和深度贫困地区，已在北京新发地和云南迪庆举办两场“三区三州”贫困地区农产品产销对接专场活动，累计签约金额 55.7 亿元。实施“互联网＋”农产品出村工程，开展电子商务进农村综合示范，2019 年实现对 832 个国家级贫困县全覆盖。列入综合示范县的每县给予 2 000 万财政资金支持，中央财政资金重点支持促进农村产品上行，完善农村物流体系，开展农村电子商务培训，为贫困县投入资金达 214.17 亿元。

（3）组织大型企业与贫困地区开展对接，推动龙头企业在贫困地区投资兴业，不断完善新型农业经营主体联贫带贫机制，让贫困户真正参与产业发展。目前，全国 832 个贫困县已培育市级以上龙头企业 1.44 万家、发展农民专业合作社 68.2 万家、带动建档立卡贫困户 626.6 万户。

（二）产业扶贫总体成效显著

产业兴，收入增，脱贫稳。经过七年多的精准扶贫，特别是五年多的脱贫攻坚战，我国农村现行标准下的贫困人口从 2012 年的 9 899 万人减少到 2019

① 国务院扶贫办政策法规司，全国扶贫宣传教育中心，2020. 脱贫攻坚网络展［EB/OL］. http：//fpzg. cpad. gov. cn/429463/430986/431001/index. html.

年的551万人，贫困县从832个减少到52个，贫困村从12.8万个减少到2 707个，脱贫攻坚取得了举世瞩目的伟大成就。其中，产业扶贫总体成效显著。根据建档立卡贫困户数据显示，全国贫困人口中有92%参与了产业扶贫，已脱贫的9 000多万人口中有72%得到了产业扶贫政策措施的支持，超过三分之二的贫困户得到新型农业经营主体带动；贫困户人均经营性收入由2015年的1 339元增长到2019年的1 995元，年均增幅10.5%，经营性收入持续增加①。

1. 地区特色产业发展初见成效，带动贫困群众增收脱贫

坚持规划引领，因地制宜确定扶贫主导产业，贫困地区在挖掘自身特色优势资源的基础上，培育发展起了一批对贫困户带动增收明显的特色优势产业。贫困地区林果、蔬菜、畜禽、加工、手工等特色产业快速发展，特色产业的发展实现了从无到有，从有向优的转变。比如西藏以青稞、牦牛为代表的河谷经济，新疆的大枣、核桃产业，青海的草地生态畜牧业试验区，“三区三州”旅游大环线等，经过几年的努力都在逐步发展成型。洛川苹果、赣南脐橙、定西马铃薯等一大批产业扶贫优秀范例在全国层面总结推广。产业扶贫工作取得明显成效，越来越多的贫困群众通过产业发展实现增收脱贫。全国建档立卡信息系统数据分析显示，贫困户人均生产经营性收入由2015年的1 339元增长到2019年的1 995元，年均增幅10.5%。

2. 贫困地区产业发展基础条件大大改善，带贫主体和农户个体发展能力显著提升

基础设施方面，贫困地区的基础设施，从交通设施到信息通讯都有了很大进步，从根本上改善了贫困地区的产业发展条件。产业扶贫发展依赖的路、水、电等基础设施正加快配套。产业发展政策环境方面，各地在国家政策框架内细化举措、创新实施，推动包括扶贫小额信贷、土地扶贫、资本市场扶贫、保险扶贫在内的一系列助推产业扶贫的好政策落地生根、成效显著。各地加强了对行业部门、金融机构、社会力量等各类帮扶资源的整合，资金、土地、人才、技术、管理等各种资源要素不断向产业扶贫项目集聚，贫困地区产业发展的基础和形势达到前所未有的水平，一大批扶贫产业园区和扶贫项目在贫困县（村）落地运转，并初步见效。截至2020年6月底，中西部22个省份有扶贫龙头企业2.86万个，吸纳贫困人口就业82.4万人。推动贫困村农民专业合作社发展，全国90%的贫困村都有了自己的合作社，832个贫困县已发展市级以

① 本研究中，全国层面产业扶贫相关数据参考原国务院扶贫开发领导小组办公室主任刘永富2020年7月在全国产业扶贫工作推进会上的讲话《巩固提升产业扶贫成果　高质量打赢脱贫攻坚战》，以及国务院扶贫办产业指导司产业扶贫相关文件。

上农业产业化龙头企业 1.4 万家，平均每个贫困县近 17 家；累计发展农民专业合作社 68.2 万家，直接带动 2 197.8 万贫困人口增收。共培育贫困村创业致富带头人 41.4 万人，领办的 21.4 万经营主体带动约 406 万贫困人口脱贫，成为贫困村“留得住、能战斗、带不走”的工作队。全国共计 256.5 万贫困劳动力接受了职业技能培训，贫困群众就业技能和生产技术大幅提升，掌握了挣钱本事和增收本领。一些贫困户掌握技能后从事职业工种，朝着高素质农民转变。

3. 有效探索的利益联结新模式，带贫减贫机制逐步健全

组织各地积极探索建立发展产业带动贫困人口的措施办法，根据实际创新产业扶贫的推进模式。在利益联结方面，全面推行“企业＋合作社＋贫困户”“企业＋基地＋贫困户”“园区＋合作社＋贫困户”等模式。各地引导贫困户通过生产托管、技术服务、产品收购、就业带动、股份合作等多种方式有效参与到产业扶贫中，并通过溢价收购、保底收益、租金、薪金、股金等多种形式保障了贫困户的增收需求。逐步解决简单送钱送物、发钱发物或“一股了之”等问题，帮助贫困群众掌握一定的生产技能和市场经营管理能力，促成贫困群众向“会干事、干成事”转变，有效助力“智志双扶”。培育新型农业经营主体方面，以“风险补偿＋增信担保＋贷款贴息”提高市场经营能力，扶贫龙头企业、扶贫专业合作社、贫困村创业致富带头人等产业发展和带贫主体实现了对贫困村的全覆盖，并形成了不少形式多样、各具特色的减贫带贫模式，值得进一步总结、提炼、深化和提高。在科学选择扶贫产业方面，以“资源优势＋产业优势＋经济优势”选择产业，同时发挥脱贫攻坚项目库引领作用。项目库包括 300 多万个项目，其中产业项目约占三分之一。项目库以规划的形式明确扶贫产业带贫减贫的要求，实现了资金跟着项目走、资金与带贫的有机统一。

第五章

产业扶贫对县域的贡献率

为了更好的量化测算产业扶贫对贫困地区地方经济发展、贫困地区农民收入、人口减贫的贡献和拉动作用，本研究通过问卷调研形式，收集了 28 个样本贫困县在 2015 年和 2019 年的相关数据。在对样本县的基本情况、产业扶贫政策扶持情况、产业扶贫主要贡献情况进行数据分析和总结的基础上，运用实证分析的方法，对调研数据进行计量分析，在县域层面测算产业扶贫对地方经济发展、贫困地区农民收入、人口减贫的贡献率，进而更准确的量化估算出产业扶贫贡献和带动作用。

一、样本县基本情况

（一）样本县总体情况

本次调研样本县基本情况数据指标主要包括：全县总人口数、农业总产值、农民人均可支配收入（包括工资性收入、经营净收入、财产净收入、转移净收入）、建档立卡贫困村数、建档立卡贫困户数、建档立卡贫困人口数、主要通过发展产业实现脱贫贫困户数、主要通过发展产业实现脱贫贫困人口数等。

28 个调研样本县分布于全国东中西部，具有一定的地区代表性。其中，深度贫困县 16 个、少数民族县 7 个。2015 年，样本县全县总人口平均为 38.3 万人；2019 年增至 38.5 万人。建档立卡贫困村 2015 年为 119.6 个，2019 年为 128.6 个；建档立卡贫困户 2015 年为 24 020.3 户，2019 年为 23 522.3户；建档立卡贫困人口数 2015 年为 83 241.0 人，2019 年为 87 163.0 人。农业总产值由 2015 年的 262 768.3 万元增至 2019 年的 349 685.0 万元，增幅为 33.1%，超过全国同期农业总产值 21.6%的增长水平。

（二）一般贫困县和深度贫困县情况对比

将样本县按照一般贫困县和深度贫困县分区域对比，发现 2015—2019 年期间，一般贫困县和深度贫困县县均总人口数均略有增长。一般贫困县县均农业总产值从 307 922.6 万元增长到 401 678.0 万元，增幅为 30.4%；深度贫困县县均农业总产值从 228 902.5 万元增长到 310 690.2 万元，增幅为 35.7%；虽然深度贫困县农业总产值绝对量始终较低，但其增幅略高于一般贫困县。建档立卡贫困户数和人口数方面，深度贫困县较一般贫困县多 45%～50%（见表 5-1）。

表 5-1 2015 和 2019 年一般贫困县和深度贫困县基本情况

样本县均值	2015 年			2019 年		
	一般贫困县	深度贫困县	全部样本	一般贫困县	深度贫困县	全部样本
全县总人口数（万人）	39.8	37.1	38.3	40.0	37.3	38.5
农业总产值（万元）	307 922.6	228 902.5	262 768.3	401 678.0	310 690.2	349 685.0
建档立卡贫困户数（户）	19 508.8	27 403.9	24 020.3	18 676.3	27 156.7	23 522.3
建档立卡贫困人口数（人）	66 411.3	95 863.3	83 241.0	67 763.8	101 712.4	87 163.0
样本县个数（个）	12	16	28	12	16	28

数据来源：根据项目样本调研数据测算所得。如无特殊说明，下同。

（三）非少数民族贫困县和少数民族贫困县情况对比

将样本县按照非少数民族贫困县和少数民族贫困县对比，发现 2015—2019 年期间，非少数民族贫困县和少数民族贫困县县均总人口数均略有增长。非少数民族贫困县农业总产值从 274 714.0 万元增长到 358 361.6 万元，增幅为 30.4%；少数民族贫困县农业总产值从 226 931.1 万元增长到 323 655.0 万元，增幅为 42.6%；虽然少数民族贫困县农业总产值绝对量始终较低，但其增幅略高于非少数民族贫困县。建档立卡贫困户数和人口数方面，少数民族贫困县少于非少数民族贫困县（见表 5-2）。

表 5-2 2015 和 2019 年非少数民族县与少数民族县基本情况

样本县均值	2015 年			2019 年		
	非少数民族贫困县	少数民族贫困县	全部样本	非少数民族贫困县	少数民族贫困县	全部样本
全县总人口数（万人）	40.3	32.2	38.3	40.5	32.3	38.5
农业总产值（万元）	274 714.0	226 931.1	262 768.3	358 361.6	323 655.0	349 685.0
建档立卡贫困村数（个）	125.6	101.6	119.6	134.3	111.6	128.6
建档立卡贫困户数（户）	24 443.8	22 749.7	24 020.3	24 301.9	21 183.4	23 522.3
建档立卡贫困人口数（人）	85 451.6	76 609.4	83 241.0	90 028.2	78 567.4	87 163.0
样本县个数（个）	21	7	28	21	7	28

二、样本县产业扶贫政策支持情况

本研究以28个样本县调研数据为基础，从一般贫困县与深度贫困县、非少数民族贫困县与少数民族贫困县二维分区角度，对比2015与2019年数据，对产业扶贫中财政、金融、保险、科技服务、电商服务等支持政策进行比较分析，以期更好的认识、理解产业扶贫对贫困地区持久脱贫的贡献和作用。

调研数据显示，28个样本县各项产业扶贫支持政策及投入达到了前所未有的强度。其中，财政支持、信贷发放、农业保险等财政金融服务支持力度大、覆盖面广。2015—2019年期间，财政、信贷、农业保险在贫困地区不断加大投入，无论是投入金额、增长幅度、覆盖范围都取得了前所未有的成效。同时，科技服务、电商服务、农业生产社会化组织服务等“软性政策”不断取得突破。农业技术人员人数不断增加，同时建立贫困户产业发展指导员机制，“一对一”对口帮扶新型农业经营主体和贫困群众，有效提高了各地推进产业扶贫的能力和水平。农业生产社会化服务为农民提供“保姆式”生产托管服务，保障各地农业生产顺利开展，促进农业生产节本增效。各地在特色产业园区建设、农产品品牌建设、电商服务方面也取得长足进展。农产品品牌建设也实现了从无到有的突破，逐步向高端升级。电商服务实现消费端“最后一公里”和原产地“最初一公里”连接，同时从农产品生产源头开始，深耕全产业链，构建向农民利益倾斜的经营与分配机制，为产业扶贫带来新的发展思路。此外，贫困地区新型农业经营主体蓬勃发展，带贫增收效果和效率明显提升。

（一）财政投入产业扶贫支持保障情况

财政支持产业扶贫政策作为扶贫的重要工具，对加速贫困地区脱贫，促进贫困地区特色产业发展发挥着重要的作用。财政支持贫困地区产业发展，对于推进农业和农村经济结构调整，拓宽贫困群众增收路径，实现持久稳定脱贫，具有重大的现实意义。样本县财政投入产业扶贫资金额度高、覆盖面广，较好的提升了产业扶贫对县域农业生产、农民收入和人口减贫的贡献。

1. 财政支持产业扶贫投入资金额度

调研数据显示，2019年28个样本县财政投入产业扶贫资金数总额达到76.6亿元，样本县县均财政投入达到2.7亿元，贫困户人均获得财政支持0.4万元。

分区域看，2019年深度贫困县和非少数民族县县均财政投入产业扶贫资金额达到 30 718.1 万元和 30 129.0 万元，分别比一般贫困县多 34.2%、比少数民族县多 58.1%；但其财政投入产业扶贫资金占财政投入扶贫资金的比例均值却略低于一般贫困县和少数民族县，说明深度贫困县和非少数民族县的产业扶贫投入资金总额明显高于一般贫困县和少数民族县（见图 5-1）。

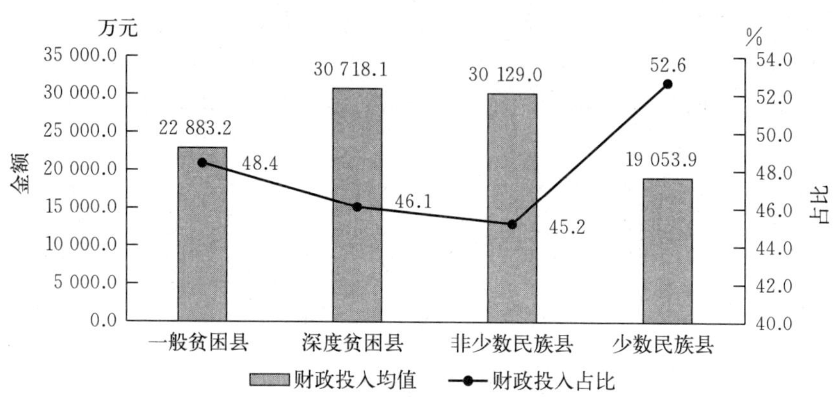

图 5-1　2019 年样本县财政投入产业扶贫资金及其占比

从贫困户人均获得财政支持产业扶贫资金额度来看，一般贫困县贫困人口人均获得财政支持产业扶贫资金 0.5 万元，比深度贫困县多 66.7%；非少数民族贫困县获得财政支持产业扶贫资金 0.4 万元，比少数民族贫困县多 100%（见图 5-2）。

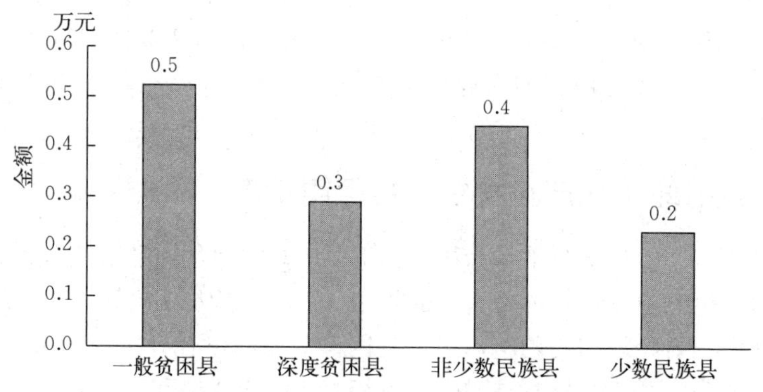

图 5-2　2019 年样本县贫困户人均获得财政支持金额

2. 财政投入产业扶贫资金覆盖率情况

调研数据显示，2019 年 28 个样本县，县财政投入产业扶贫资金占财政投入扶贫资金的占比均值达到 47%，占比高于全国 35%的平均水平。支持产业扶贫的财政投入覆盖贫困村的比例高达 100%；覆盖贫困户的比例也高达 95%。

对比各地财政支持覆盖率，2019 年各地区的财政支持贫困村和贫困户的覆盖面较高：各样本县对于贫困村的覆盖面均达到 100%；对贫困户的覆盖面均超过 90%（见图 5-3）。其中，对于贫困户的覆盖，一般贫困县覆盖面略高于深度贫困县；非少数民族县略高于少数民族县。贫困户人均获得财政支持的对比关系亦呈现“一般贫困县高于深度贫困县、非少数民族县高于少数民族县”的态势。

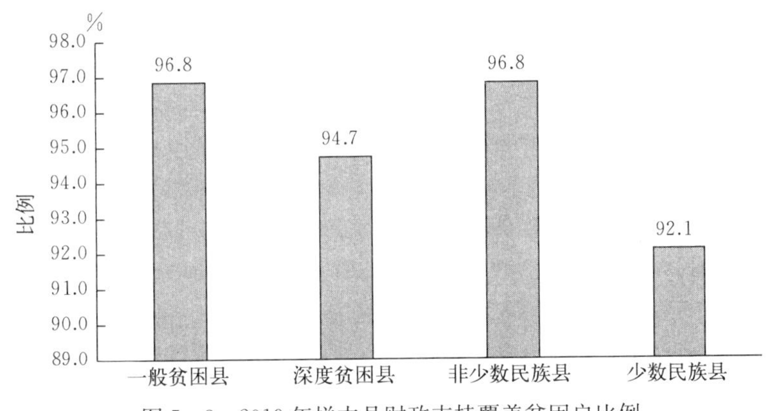

图 5-3　2019 年样本县财政支持覆盖贫困户比例

（二）小额信贷扶贫情况

信贷扶贫难度相对较大，各地信贷资金投放额度和覆盖面均面临挑战。金融扶贫是打赢脱贫攻坚战的关键之举，扶贫小额信贷是金融精准扶贫的成功实践。金融扶贫和扶贫小额信贷从源头上提供了扶贫资金的“活水”，极大提高了贫困农户信贷融资的覆盖面、可得性和满意度，为精准扶贫、全面脱贫提供了强大内生动力。

1. 信贷扶贫投入金额情况

调研数据显示，2019 年，28 个样本县获得小额信贷发放金额总计 54.3 亿元，县均获小额信贷金额 1.94 亿元；28 个样本县获得其他带贫主体信贷发放金额总计 51.8 亿元，县均达到 1.85 亿元，略低于小额信贷金额。

分地区来看，2019 年，一般贫困县和非少数民族县获得的信贷资金金额高于深度贫困县和少数民族县。一般贫困县获得小额信贷和其他带贫主体信贷分别达到 19 638.0 万元和 27 776.3 万元，比深度贫困县小额信贷和其他带贫主体信贷多 2.2%和 140.4%。非少数民族县获得小额信贷和其他带贫主体信贷分别达到 22 936.5 万元和 21 413.2 万元，比少数民族县小额信贷和其他带贫主体信贷多 160.8%和 118.9%，地区差异相对更加明显（见图 5-4）。

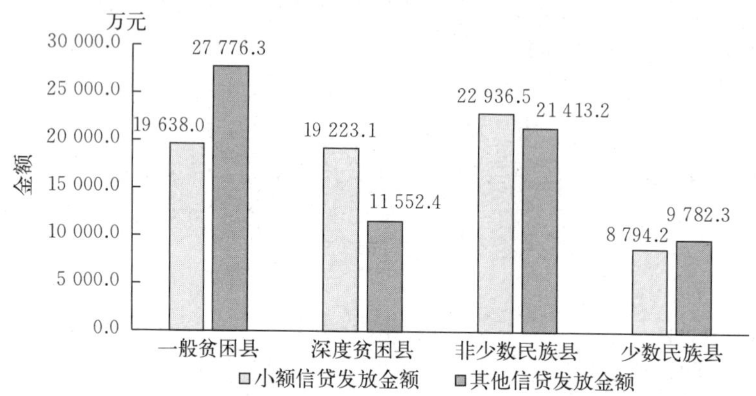

图 5-4　2019 年样本县信贷扶贫投入金额

2. 信贷扶贫覆盖情况

对比于财政支持高覆盖率，信贷支持政策覆盖率相对较低。样本县小额信贷覆盖贫困户平均覆盖率仅为 26.7%；其他带贫主体信贷覆盖新型农业经营主体平均覆盖率仅为 20.7%。

分地区来看，深度贫困县信贷覆盖情况高于一般贫困县，其小额信贷覆盖率和其他带贫主体信贷覆盖率均达到 25%以上；一般贫困县的小额信贷覆盖率为 28.6%，而其他带贫主体信贷明显低于深度贫困县，覆盖率仅为 14.1%。非少数民族地区小额信贷覆盖率 31.4%，明显高于少数民族地区的 12.6%；非少数民族地区其他带贫主体信贷覆盖率仅为 13.5%，明显低于少数民族县的 42.2%。由此可见，深度贫困县和少数民族县中其他带贫主体信贷覆盖率明显优于一般贫困地区和非少数民族地区同类信贷支持覆盖率（见图 5-5）。

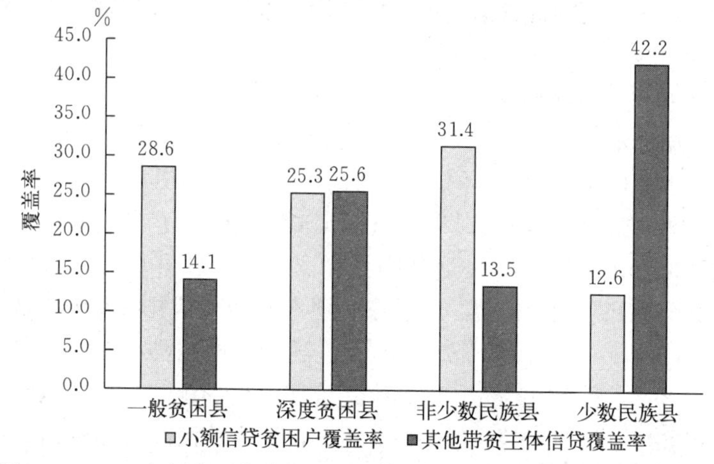

图 5-5　2019 年样本县信贷资金对贫困户及新型农业经营主体的覆盖率

3. 贫困户人均获得信贷扶贫支撑情况

样本县中，贫困户户均获得信贷支持资金额为 1.7 万元，人均获得信贷支持金额达到 0.4 万元，低于全国范围统计的贫困户户均、人均信贷支持金额。人均获得信贷支持方面，样本县中贫困户人均获得信贷支持金额的地区对比趋势亦呈现“一般贫困县高于深度贫困县、非少数民族县高于少数民族县”。其中，一般贫困县贫困户人均获得信贷金额达到 0.7 万元，比深度贫困县多 133.3%；非少数民族县贫困户人均获得信贷金额达到 0.5 万元，比少数民族县多 66.7%（见图 5－6）。

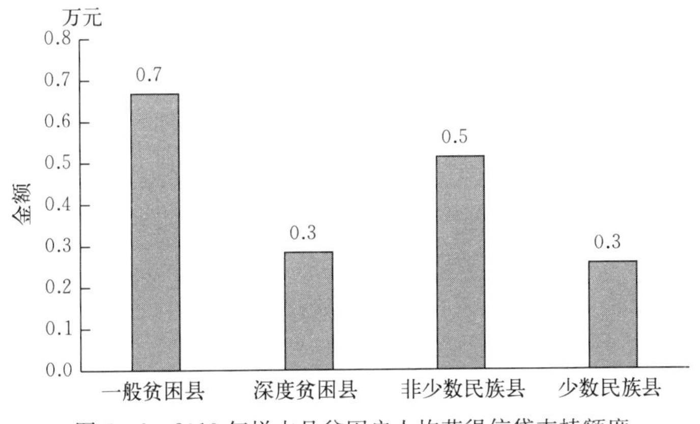

图 5－6　2019 年样本县贫困户人均获得信贷支持额度

（三）农业保险基本情况

农业保险在保障特色产业、分散经营风险方面发挥重要作用。农业保险能够构筑农业生产风险屏障，有效保护贫困地区生产力，助力解决贫困群众因灾致贫、因灾返贫问题，对于决胜脱贫攻坚战和长久脱贫具有重要意义。

1. 农业特色扶贫产业保险种类

从样本县各县拥有的农业特色扶贫产业保险总数来看，深度贫困县高于一般贫困县，非少数民族贫困县高于少数民族贫困县。调研数据显示，2019 年 28 个贫困县县均拥有农业特色扶贫产业保险种类为 10 种。其中，一般贫困县农业保险支持相对较弱，深度贫困县在农业特色扶贫产业保险品种数方面达到 12.31 种/县，比一般贫困县多 53.9%；非少数民族县发展保险品种数为 11.81 种，比少数民族县多 83.7%（见图 5－7）。

2. 农业特色扶贫产业保险覆盖率

深度贫困县在农业特色扶贫产业保险覆盖率明显高于一般贫困县。调研数据显示，28 个贫困县 2019 年农业特色扶贫产业保险县均特色产业覆盖率达到

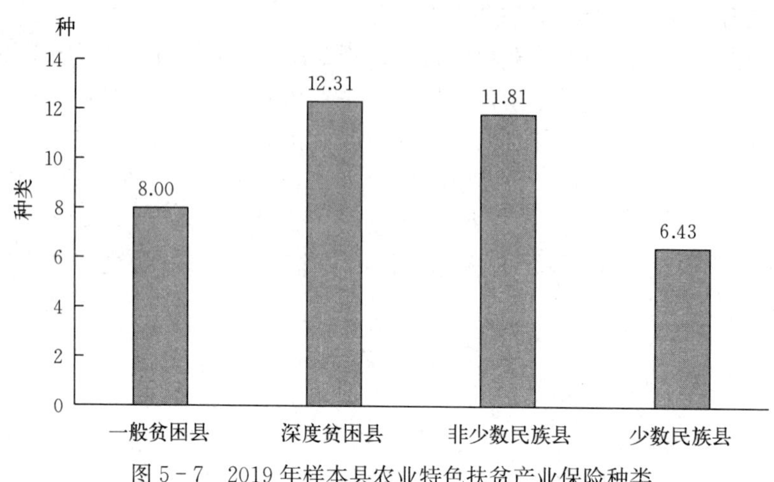

图 5-7 2019 年样本县农业特色扶贫产业保险种类

69.6%；覆盖新型农业经营主体比例为 37.5%。从区域对比看，深度贫困县无论是农业特色扶贫产业保险产业覆盖率还是新型农业经营主体覆盖率方面，都明显高于一般贫困县，分别达到 78.8%、55.0%；非少数民族县发展本地特色产业保险覆盖率为 73.8%，高于少数民族县，但新型农业经营主体的保险覆盖率为 33.5%，低于少数民族县的 49.3%（见图 5-8）。

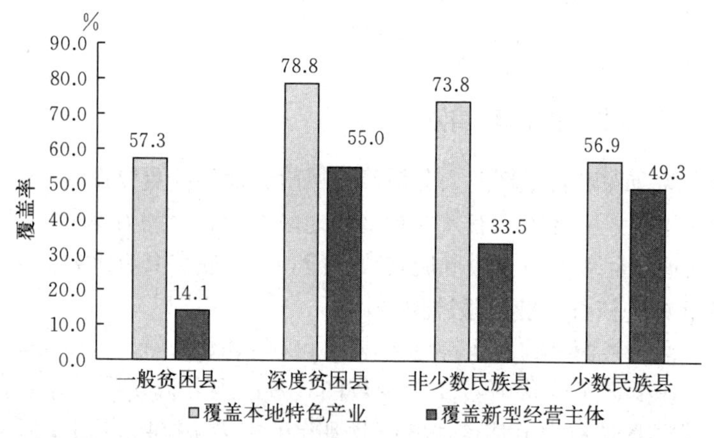

图 5-8 2019 年样本县农业特色扶贫产业保险覆盖产业和主体情况

3. 各类主体拥有农业保险数量情况

深度贫困县中各类主体平均拥有农业保险数量低于一般贫困县。调研数据显示，各县平均每个特色产业基地拥有农业保险数量为 0.03 个；各县平均每个新型农业经营主体拥有农业保险数量为 0.02 个。分区域看，深度贫困县各县平均每个特色产业基地拥有农业保险数量为 0.03 个，比一般贫困县每个特色产业基地拥有农业保险数量低33.3%；同时深度贫困县各县平均每个新型农业经营主体拥有农业保险数量为0.01个，是一般贫困县每个农业新型经营主体拥有农业保险数量50%。和非少数民族贫困县相比，少数民族贫困县各县平均每个特色产业基地拥有农业保险数量基本相当，均为0.04个；但少数民族贫困县各县平均每个新型农业经营主体拥有农业保险数量为0.01个，仅为非少数民族贫困县每个新型农业经营主体拥有农业保险数量的50%（见表5-3、表5-4）。

表5-3　一般贫困县和深度贫困县产业扶贫发展及投入情况

		2015年			2019年		
		一般贫困县	深度贫困县	平均	一般贫困县	深度贫困县	平均
产业扶贫支撑保障指标	财政投入产业扶贫资金数（万元）	0	0	0	22 883.17	30 718.05	27 360.24
	财政投入产业扶贫资金占财政投入扶贫资金比例（%）	0	0	0	48.36	46.06	47.04
	财政支持覆盖贫困村（%）	0	0	0	100.00	100.00	100.00
	财政支持覆盖贫困户（%）	0	0	0	88.78	94.72	92.17
	小额信贷发放金额（万元）	0	0	0	19 638.01	19 223.06	19 400.89
	小额信贷覆盖贫困户（%）	0	0	0	28.62	25.32	26.74
	其他带贫主体发放金额（万元）	0	0	0	27 776.26	11 552.40	18 505.48
	其他带贫主体信贷覆盖新型经营主体（%）	0	0	0	14.13	25.58	20.67
	农业特色扶贫产业保险种类（种）	0	0	0	8.00	12.31	10.46
	特色保险覆盖本地特色产业（%）	0	0	0	57.32	78.77	69.58
	特色保险覆盖新型农业经营主体（%）	0	0	0	14.10	54.97	37.46

表5-4　非少数民族县与少数民族县产业扶贫发展及投入情况

		2015年			2019年		
		非少数民族贫困县	少数民族贫困县	平均	非少数民族贫困县	少数民族贫困县	平均
产业扶贫支撑保障——财政金融保险服务	财政投入产业扶贫资金数（万元）	0	0	0	30 129.04	19 053.86	27 360.24
	财政投入产业扶贫资金占财政投入扶贫资金比例（%）	0	0	0	45.18	52.63	47.04
	财政支持覆盖贫困村（%）	0	0	0	100.00	100.00	100.00
	财政支持覆盖贫困户（%）	0	0	0	92.20	92.08	92.17

（续）

		2015 年			2019 年		
		非少数民族贫困县	少数民族贫困县	平均	非少数民族贫困县	少数民族贫困县	平均
产业扶贫支撑保障——财政金融保险服务	小额信贷发放金额（万元）	0	0	0	22 936.47	8 794.17	19 400.89
	小额信贷覆盖贫困户（%）	0	0	0	31.45	12.60	26.74
	其他带贫主体发放金额（万元）	0	0	0	21 413.21	9 782.29	18 505.48
	其他带贫主体信贷覆盖新型经营主体（%）	0	0	0	13.49	42.21	20.67
	农业特色扶贫产业保险种类（种）	0	0	0	11.81	6.43	10.46
	特色保险覆盖本地特色产业（%）	0	0	0	73.79	56.94	69.58
	特色保险覆盖新型农业经营主体（%）	0	0	0	33.51	49.29	37.46

（四）科技服务对产业扶贫支持保障情况

科技服务水平总体明显提高，但各地仍存在一定差异。农业科技是打赢脱贫攻坚战、实现乡村振兴的核心支点，是贫困地区产业长效发展、内生动力和自我增长能力提升的原动力。

1. 科技服务中农技人员数量

调研数据显示，2015 年 28 个样本县拥有农技员总人数为 5 764 人，县均拥有农技员 205.8 人，各县贫困户每万人平均拥有农技员 36.5 人；2019 年 28 个样本县农技员总人数为 6 733 人，县均拥有农技员人数达到 240.5 人，较 2015 年增长 16.7%；各县贫困户每万人平均拥有农技员 45.3 人，较 2015 年增长 24.1%。

从农技人员数量方面看，一般贫困县和非少数民族贫困县各县平均拥有的农技员人数始终高于深度贫困县和少数民族县：其中深度贫困县与一般贫困县之间差距在不断缩小，由 2015 年相差 23.4%逐步缩小为 2019 年相差 16.5%；但少数民族贫困县农技员人数增加相对缓慢，与非少数民族贫困县之间的差距在不断扩大，由 2015 年的 13.5%扩大到 2019 年的 29.7%（见图 5－9）。

2. 产业发展指导员数量分析

根据调研数据显示，2019 年 28 个贫困县产业发展指导员数量共计 8 832 人，县均产业发展指导员数量为 315.4 人，各县贫困户每万人平均拥有产业发展指导员 45.5 人。

分地区看，一般贫困县县均产业发展指导员人数 393.5 人，多于深度贫困

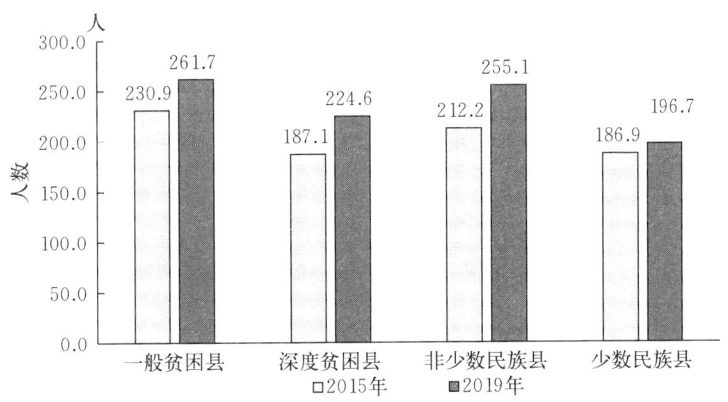

图 5-9　2015 和 2019 年样本县县均农业技术员人数

县 256.9 人；一般贫困县各县贫困户每万人平均拥有产业发展指导员 71.1 人，明显多于深度贫困县的 26.4 人。少数民族贫困县县均产业发展指导员人数 468.1 人，多于非少数民族贫困县 264.5 人；少数民族贫困县各县贫困户每万人平均拥有产业发展指导员 56.2 人，多于非少数民族的 42 人（见图 5-10）。

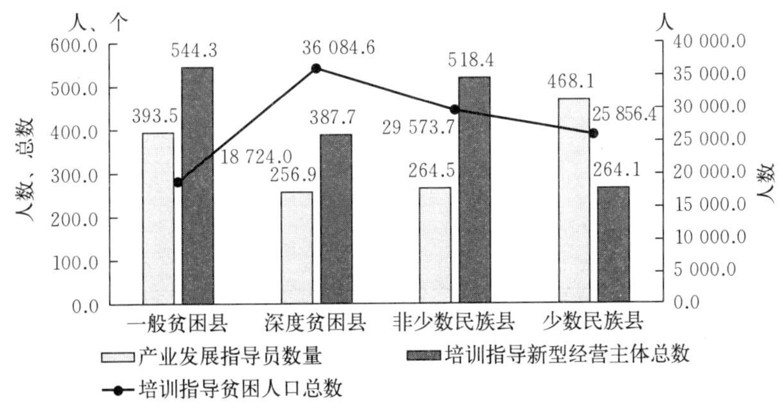

图 5-10　2019 年样本县县均产业发展指导员人数及服务产业情况

3. 产业发展指导员指导产业发展情况

根据调研数据显示，2019 年 28 个贫困县产业发展指导员共培训指导新型农业经营主体 1.3 万个、培训指导贫困群众 80.2 万人；县均产业发展指导员共培训指导新型农业经营主体 464.3 个、培训指导贫困群众 2.9 万人；各县每位产业发展指导员平均指导新型农业经营主体 2.3 个，培训指导贫困群众 154.4 人。

分地区看，一般贫困县每位指导员培训的新型农业经营主体数量为 2.9 个，多于深度贫困县 1.8 个；但一般贫困县每位指导员培训的贫困群众数量为

109.7 人，明显少于深度贫困县 190.2 人。少数民族贫困县每位指导员所指导培训的新型农业经营主体数量为 1.4 个，明显少于非少数民族贫困县平均每个指导员所指导的新型农业经营主体 2.6 个；但少数民族贫困县每位指导员培训的贫困群众数量为 244.0 人，多于非少数民族贫困县 111.8 人。不同地区产业指导员指导新型农业经营主体和贫困人口数的差异，主要来自于各类型地区新型农业经营主体和贫困人口数（见表 5－5、表 5－6）。

表 5－5　2015 和 2019 年一般贫困县和深度贫困县科技服务情况

		2015 年			2019 年		
		一般贫困县	深度贫困县	平均	一般贫困县	深度贫困县	平均
科技服务	农技员数量（人）	230.92	187.06	205.86	261.67	224.56	240.46
	产业发展指导员数量（人）	0	0	0	393.50	256.88	315.43
	培训指导新型农业经营主体总数（个）	0	0	0	544.33	387.69	454.82
	培训指导贫困人口总数（人）	0	0	0	18 724.00	36 084.63	28 644.36

表 5－6　2015 和 2019 年非少数民族县与少数民族县科技服务情况

		2015 年			2019 年		
		非少数民族贫困县	少数民族贫困县	平均	非少数民族贫困县	少数民族贫困县	平均
产业扶贫支撑保障——科技服务	农技员数量（人）	212.19	186.86	205.86	255.05	196.71	240.46
	产业发展指导员数量（人）	0	0	0	264.52	468.14	315.43
	培训指导新型农业经营主体总数（个）	0	0	0	518.38	264.14	454.82
	培训指导贫困人口总数（人）	0	0	0	29 573.67	25 856.43	28 644.36

（五）电商服务对产业扶贫支持保障情况

电商服务实现从无到有，未来发展空间巨大。在“互联网＋”深入发展的背景下，电子商务成为脱贫攻坚的有力武器。通过完善贫困地区互联网基础设施和支持平台建设，整合各种资源，加强人才培养，电商扶贫有力助推了农村贫困地区的全面发展。作为一种创新扶贫模式，电商服务实现消费端“最后一公里”和原产地“最初一公里”连接，同时从农产品生产源头开始，深耕全产业链，构建向贫困群众利益倾斜的经营与分配机制，为产业扶贫带来新的发展路径。

1. 电商服务服务站数量分析

根据调研数据显示，2015 年 28 个样本县共拥有电商服务站 540 个，各县平均拥有电商服务站 19.3 个，各县贫困人口每万人平均拥有电商服务站 0.05 个。随着互联网产业的蓬勃发展，2019 年 28 个样本县共拥有电商服务站增至 4 730 个，各县平均拥有电商服务站 168.9 个，是 2015 年的 8.8 倍；各县贫困人口每万人平均拥有电商服务站 47.9 个，是 2015 年的 958 倍。

分地区对比，各县电商产业在电商服务站数量方面实现了快速发展。一般贫困县和少数民族贫困县由于 2015 年基数较小，因此在 2015—2019 年期间增幅明显。一般贫困县电商服务站数量由 2015 年的县均 0.42 个增长到 2019 年的 122.25 个，2019 年电商服务站数量是 2015 年的 291.1 倍；少数民族贫困县电商服务站数量由 2015 年的县均 6.71 个增长到 2019 年的 117.29 个，2019 年电商服务站数量是 2015 年的 17.5 倍。从各县县均服务站绝对数量来看，深度贫困县和非少数民族贫困县在电商服务站相对于一般贫困县和少数民族贫困县而言，在绝对数量上优势明显。2019 年深度贫困县县均电商服务站数量为 203.94 个，比一般贫困县多 66.8%；非少数民族贫困县县均电商服务站数量为 186.14 个，比少数民族贫困县多 58.7%。但从各县贫困人口每万人平均拥有的电商服务站数量来看，深度贫困县由于贫困人口数较大，因此各县贫困人口每万人平均拥有的电商服务站数量为 20.4 个，明显低于一般贫困县的 47.9 个；少数民族贫困县各县贫困人口每万人平均拥有的电商服务站数量为 17.2 个，依然低于非少数民族贫困县（见图 5－11）。

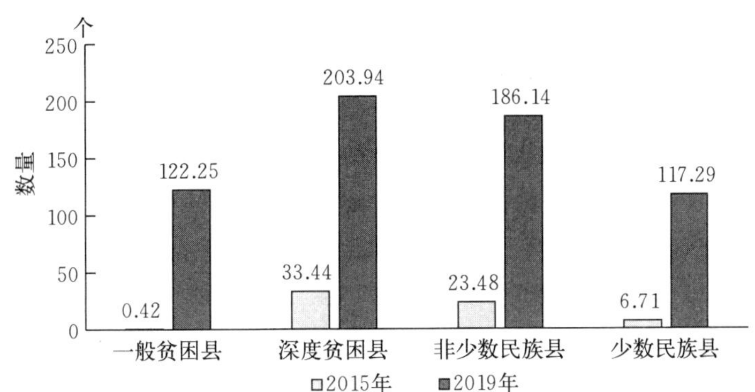

图 5－11　2015 和 2019 年样本县各县电商服务站平均数量

2. 电商销售占比情况

根据调研数据显示，2015 年 28 个样本县各县电商销售额占农产品总销售额的平均比重仅为 1.8%。随着互联网产业的蓬勃发展，2019 年 28 个样本县各县电商销售额占农产品总销售额的平均比重达到 12.63%。

从时间维度看，各地电商产业在电商销售额占比方面同样实现了快速发展。与 2015 年相比，2019 年一般贫困县电商销售占比是 2015 年的 17.2 倍，深度贫困县电商销售占比是2015年的5.6倍，少数民族贫困县电商销售占比是2015年的6.3倍；非少数民族贫困县电商销售占比是2015年的7.1倍（见图5-12）。

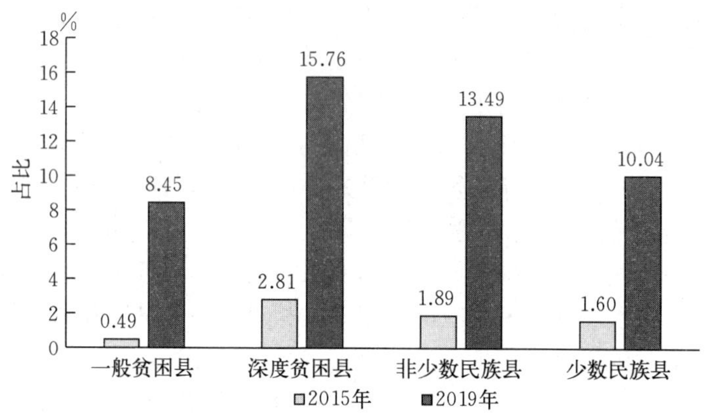

图5-12　2015和2019年样本县农产品电子商务额占农产品总销售额的占比

从地区维度比较，相对于一般贫困县和少数民族贫困县，深度贫困县和非少数民族贫困县电商销售额占比等指标上优势明显。2019年深度贫困县各县电商销售额平均占比为15.76%，比一般贫困县多86.5%；非少数民族贫困县各县电商销售额平均占比为13.49%，比少数民族贫困县多34.4%（见表5-7、表5-8）。

表5-7　2015和2019年一般贫困县和深度贫困县电商服务情况

		2015年			2019年		
		一般贫困县	深度贫困县	平均	一般贫困县	深度贫困县	平均
电商服务	电商服务站数量（个）	0.42	33.44	19.29	122.25	203.94	168.93
	农产品电子商务额占农产品总销售额的比重（%）	0.49	2.81	1.82	8.45	15.76	12.63

表5-8　2015和2019年非少数民族县与少数民族县电商服务情况

		2015年			2019年		
		非少数民族贫困县	少数民族贫困县	平均	非少数民族贫困县	少数民族贫困县	平均
产业扶贫支撑保障——电商服务	电商服务站数量（个）	23.48	6.71	19.29	186.14	117.29	168.93
	农产品电子商务额占农产品总销售额的比重（%）	1.89	1.60	1.82	13.49	10.04	12.63

3. 电商产业扶贫案例——岷县开启精准扶贫新模式

岷县位于甘肃南部，地处青藏高原、黄土高原和西秦岭山脉的交汇地带，特殊的自然地理条件、气候资源和多样性的生态环境，孕育了优美的自然景观和丰富的自然资源。被誉为“中国当归之乡”“中国洮砚之乡”“中国诗词之乡”“中国花儿之乡”“中国黄芪蜜之乡”。近年，岷县抢抓“互联网＋”机遇，依托国家级电子商务进农村综合示范县项目的实施，将电子商务作为实施精准扶贫、促进群众增收致富、增加大学生创业就业的创新举措，立足特色优势资源禀赋，积极搭建网络营销平台，不断强化政策扶持推动，全力打造经济发展新引擎，实现了农民增收、企业增效、就业增加的阶段性目标。到 2019 年 6 月，全县开展电子商务培训 10 000 余人次，培育了天猫店铺 12 家；京东店铺 5 家；淘宝、拼多多、1 688、微店等各类网店 1 000 多个；电子商务企业 69 家。截至 2019 年 5 月底，全县电商销售总额达到 1.07 亿元，网购金额9 884 万元，带动电商从业 6 898 余人，其中贫困群众 4 251 人，人均年可增收 750 元以上。根据甘肃易览大数据公布，2018 年县域网商指数位排名岷县居全省第二。2018 年 10 月 17 日，阿里研究院发布的《首届中国农民丰收节电商数据报告》显示，岷县入围阿里巴巴贫困县农产品电商前 15 强。同时，岷县当归上榜 2017—2018 年地标农产品电商品牌榜 100 强，是甘肃省唯一上榜地标农产品。

（1）全县强化“三项保障”，稳步推进电商扶贫。

① 组织保障。成立了由县政府主要领导任组长，县委、政府分管领导任副组长，县财政、商务、工信等部门负责人为成员的岷县电子商务进农村工作领导小组，定期研究部署全县电子商务及电商扶贫工作。

② 政策保障。先后出台了《关于进一步加快电子商务产业发展的意见》《关于进一步加快电子商务与现代物流产业融合发展的意见》《电商扶贫实施方案》等一系列政策性文件保障和助推电子商务产业发展。

③ 资金保障。2015 年开始，该县陆续争取到国家及省级电子商务专项扶持资金 2 277 万元，其中 2 000 万元为国家级电子商务进农村综合示范县项目建设资金，277 万元为省级电商扶贫试点专项资金。重点扶持全县电子商务三级公共服务体系建设、电商人才培训、物流配送等；县上将占地 8 亩[①]，建筑面积 3 000 多$米^2$ 的原交警大队办公大楼无偿划拨，用于岷县电子商务县级公共服务中心建设；为岷县龙头电商企业岷县祺祥阁药业有限责任公司出让土地 15.54 亩，用于其建设电子商务产业园，实现了线上线下深度融合发展；配套县电信公司 200 万元用于宽带网络进村工程建设。有力、有序、有效地促进了

① 亩为非法定计量单位，1 亩≈667 $米^2$。——编者注

全县电商扶贫工作的顺利开展。

（2）全县搭建“五个体系”，全力助推脱贫攻坚进程。

① 搭建县乡村三级公共服务体系，提升服务能力。首先，建成了3 000多米^{2}县级公共服务中心。一楼设农村电商服务工作区，分为服务接待、特色商品展示、O2O体验、客户服务、产品研发、品牌建设、美工服务、农产品溯源等功能区；二、三楼设孵化区、众创空间、会议室、实训室；六楼设培训中心。中心配备10名专业人员作为公共服务团队，覆盖培训、孵化、展示、洽谈、实训、美工、摄影等服务功能，为全县网商提供托管运营服务。其次，建成了18个乡级服务站。配套了电脑、电视、办公桌椅、货架、打印机等设备。为乡镇辖区内电商从业者提供培训、咨询指导服务，解决了距离县级公共服务中心远、来回时间长的问题，极大地方便了广大创业者。再次，建成了306个村级服务点，占全县行政村的85%，其中贫困村实现了全覆盖。所有站点全部配备了电脑、办公桌椅、货架、电视、真空包装机、热敏打印机、封口机、电子秤等设备。通过培训、培育孵化、鼓励引导本村未就业大学生、返乡青年、贫困户负责村级服务点运营，提供代买代卖、代收发货、农产品收集、操作指导、充值缴费等电商便民服务，实现“一网多用、一店多用”。最后，同阿里巴巴及京东签订战略合作框架协议，全县开设天猫优品服务站16个，京东扶贫实训店1个，全面助力脱贫攻坚。

② 搭建三级物流配送体系，打通服务群众“最后一公里”。按照岷县实际，依托县邮政公司基层网点多的优势，多次组织物流快递企业召开座谈会，研究制定了“1+N”的工作模式，通过政府购买服务，由邮政公司承担全县物流配送到村业务，与其他民营快递签订合作协议，实现资源共享，共同降低资费，搭建岷县三级物流配送体系，解决服务群众“最后一公里”问题。通过协商约定，除顺丰外，电商寄递费均能达到3.5+1元/千克（首重3.5元/千克，续重1元/千克），1.5千克起算首重，县城到村的快递包裹均能实现2天到达。

③ 搭建培训体系，增强贫困户创业就业能力。充分整合组织部、团委、妇联、商务、扶贫、人社等部门培训资源，实施“万名电商培养计划”，开展“电商扶贫培训进乡镇”活动。累计举办各类电子商务知识培训班98期，培训10 000人（次），其中贫困户4 243人（次）。有力地提升贫困户通过电子商务创业增收的意识和能力。不断完善县级公共服务中心培育孵化功能，鼓励引导未就业大学生、返乡青年、贫困户进驻中心，为其提供集产品包装设计、代加工、仓储、分拣、配送于一体的免费服务。鼓励引导电商龙头企业、小微企业、电商服务企业优先录用符合条件的贫困群众务工就业。

④ 搭建农产品上行体系，扩大全县网销规模。岷县坚持以平台为基石，

注重品牌建设，抓好物流这个关键点，不断完善农产品上行体系建设。一是开发以养生茶、煲汤料、特色食品为主的网货产品150种，统一聘请第三方公司挖掘产品卖点，制作了详情页，新商家可以及时上架，极大地方便了创业者。二是依托“岷品汇”县域公共品牌，策划全县公共品牌宣传推广方案，设计“岷品汇”系列品牌包装，扩大岷县名优特产知名度。三是聘请兰州第三方团队拍摄岷县电商扶贫专题宣传片，从企业、合作社、电商不同层面反映岷县电商扶贫工作成效。四是邀请阿里巴巴天猫招商团队于2019年6月13日来岷县召开了“天猫滋补行业商家线下共创暨新商家入驻沟通交流会”，为扩大岷县天猫店铺数量及农产品上行奠定了坚实的基础。五是鼓励引导商家开展全网络营销，现涉及的平台有天猫、京东、苏宁易购、拼多多、抖音、直播等18个。六是充分利用中国兰州投资贸易洽谈会、中国中药博览会、农业博览会、招商会、展销会等平台，并利用媒体广告、网络营销、专题报道以及公共关系等多种促销手段，进行县域公共品牌宣传，提高公众对岷县本土品牌形象的认知度和美誉度。

⑤ 搭建农产品质量监管体系，保障电商产业健康有序发展。紧紧围绕“多样、生态、丰富，有品牌、有品质、有规模”农产品发展目标，按照规模化种植、标准化生产、商品化销售的要求，大力推行“一乡一品”，重点深化农产品品质监控，对基础比较好的产品引入农产品溯源及标准化体系，对流通环节进行监测，杜绝质量隐患，提升产品质量，增加溢价。

（3）创新“四种模式”，服务群众就业创业。

① 扶持贫困群众开办网店。充分发挥行业典型的带动作用，对有意愿、有能力开办网店的贫困群众，让其入驻村级电子商务服务点，实行电商创业“五个一”扶持工程，帮助贫困家庭“通上一条宽带、配置一台电脑、开办一个网店、打造‘一村一品’、增加一份收入”。

例如，茶埠镇岳家湾村村民郝爱国，是一名建档立卡贫困户，自高中辍学后他一直在外务工。2011年因父亲病重，他回家撑起了整个家，成了家里的顶梁柱。2015年，国家级电子商务进农村综合示范县项目开始实施，郝爱国参加了第一批培训，对电商产生了极大的兴趣。2015年5月，他便在淘宝网开设网店，名为“山里人的摊摊儿”。凭着不断参加培训和自学，他店铺的生意越来越好。2016年全年营业额达到150万元，年利润达15万元，通过经营电商郝爱国家摘掉了多年的贫困户帽子。2017年网店全年营业额达210万元，且带动了6户贫困户，郝爱国同年还被评选为甘肃省第十三届人民代表大会代表。2018年，他发展“种植基地＋合作社＋电商”的产业化经营模式，经营淘宝店铺2个、天猫旗舰店1个、拼多多官方旗舰店1个，申请注册商标“珍福家”“洮水之畔”，全年电商销售额达450万元，带动15户建档立卡贫困户。

2019年，郝爱国又新注册了“归香九州”“岷州三宝”两个商标，准备再开天猫店铺2家，全年营业额突破700万元，吸纳就业岗位30个以上，带动建档立卡户25户。

②“合作社+基地+贫困户”模式。对县内具备开展线上业务的农民专业合作社，通过政策引导，实现中药材专业合作社线上线下深度融合发展，吸纳贫困户入社，贫困村群众通过参加合作社，得到合作社的标准化生产技术、农资资助，所产的农产品由合作社以高于市场价格收购。逐步实现种植、加工、电商平台销售、贫困户分红的一体化运营模式。例如，茶埠镇大竜村岷县益农中药材种植购销农民专业合作社成立于2016年8月。通过鼓励与引导，2017年，合作社开展线上业务，注册网店“益农滋补店”，线上线下年销售额总计达600多万元。在业务发展的同时，合作社不断总结经验，通过多种措施，促进贫困户增收。首先，盈余分红促增收。合作社于2017年和2018年共为贫困户分红9.2万元。其次，资金入股促增收。农户自筹资金入股和“三变”改革等相关扶贫资金入股的方式，贫困户变成了合作社的股东，享受8%的保底分红+经营收益+股权收益，不断增加贫困户的收入。再次，规范种植促增收。合作社为社员免费提供技术指导服务，发放了中药材种植技术指导手册，在中药材种植、田间管理期间，合作社邀请中药材种植专业人员深入田间对贫困户进行指导，合作社通过高于市场价格进行收购，使每户种植中药材贫困户每户多收入800元。最后，代购农资促增收。通过和农资供应商沟通协商、达成协议，统一帮助贫困户代购农资，将经销商的利润让利于贫困户，减少贫困户生产投入成本，户均节约成本200元。2018年帮助贫困户和社员代购肥料60吨，帮助贫困户节约成本2万元。

③“电商+合作社+基地+贫困户”模式。引导县内年销售额达100万以上的20家电商企业与合作社对接，采购合作社产品，帮助合作社拓展销售渠道。同时，各村级电商服务点及电商通过合作社这一统一供货平台，将当归等中药材及土蜂蜜、土鸡蛋等农产品进行网上销售，带动贫困群众实现增收。

例如，甘肃聚和泰电子商务有限公司成立于2017年，公司前身为岷县和泰中药材有限公司和兰州岷府土特产有限公司合并后而成，线上主要有3家天猫店铺、1家京东店铺、3家淘宝店铺、3家自媒体，拥有“聚和泰”“岷府人家”“汉草玖宝”“西野集”4个新零售品牌。企业主要以本地当归、黄芪、党参等野生药材以及本地土特产（土蜂蜜、野生羊肚菌等）为主，线上线下同步发展，目前创业团队共68人，年销售额达7 000多万元。公司由原来的贫困户直供货转型引导成立农民专业合作社。目前，中药材方面公司与7家合作社进行合作，合作社按照公司质量标准建立标准化种植基地，基地采挖的药材经合作社加工后，公司按高于市场价格2～5元/千克进行收购，实现合作社月增收5 000～10 000元，合作社贫困户月均可增收500元；在蜂蜜方面，公司与2家合作社签订合同进行合作，合作以来，公司同比市场收购价上涨20%，养殖户户均可增收800元。

④“党员＋网络＋贫困户”模式。鼓励引导有能力、有责任、有爱心、有条件的党员开展电商业务，拓宽销售渠道，增加带贫致富能力。对有意愿开展电商业务的党员设定专题培训课程，不断提升业务技能，实现从农副产品方案设计、科学种植、包装选取、网络营销的无缝对接。通过收购贫困户农产品和带动贫困户务工等形式，带动贫困户增收，助力全县脱贫攻坚。

例如，岷县茶埠镇甫里村党支部书记王万文，2017年成立岷县隆兴中药材种植购销农民专业合作社，主要经营加工销售岷县当归、黄芪、党参等中药材，形成以市场、技术为先导，以基地、农户为依托，以品牌、加工为后盾六位一体的发展模式。合作社种植中药材200多亩，按照标准化生产的要求生产加工中药材25吨左右，通过和外地药商、本土电商等合作，进一步提升中药材价值，年营业额达1 000多万元。2018年，通过培训引导，在拼多多平台开展线上业务，并注册品牌“陇上香”，合作社线上线下年销售额达到1 200多万元。2019年，开设天猫店铺“陇上香旗舰店”，合作社加工各种中药材300多吨，主要通过线上线下进行销售，营业额突破1 500万元。带贫增收也十分明显，一是吸纳22名贫困户劳动力到合作社就业，人均年增收1.2万元。二是贫困户可以以劳务工资入股，合作社采用8%保底分红＋经营收益＋股权收益，做到了随用随取，收益保障，极大的鼓足了贫困户脱贫致富的信心。三是贫困户可以以产品入股，合作社将农户种植的中药材以高于市场价格进行核算，量化入股，采用8%保底分红＋经营收益＋股权收益，做到随用随结算，进一步提升了贫困户种植中药材的信心。

三、样本县产业扶贫的主要贡献

（一）产业扶贫带动增收脱贫情况

1. 样本县总体增收脱贫情况

从样本总体的县均情况来看，农村居民人均可支配收入由2015年的7 189.5元增至2019年的10 377.6元，增幅为44.3%，略低于全国贫困地区农村居民人均可支配收入11 567元的均值水平。其中，工资性收入占比由39.8%增至41.8%，金额由2 863.4元增至4 335.3元，增幅为51.4%；经营净收入占比由41.2%降至34.4%，金额由2 960.1元增至3 571.5元，增幅20.7%；财产净收入占比由2.2%降至2.1%，金额由161.3元增至220.9元，增幅为36.9%；转移净收入占比由16.8%增至21.7%，金额由1 204.7元增至2 250.0元，增幅为 86.8%。到 2019 年通过发展产业实现脱贫的贫困户数量为 1.4 万户 4.8 万人，占建档立卡贫困户总户数的 60.1%，占建档立卡贫困户总人数的 55.2%。

2. 一般贫困县和深度贫困县增收脱贫情况

将样本县分为一般贫困县和深度贫困县后对比增收指标后发现，一般贫困县因产业扶贫带动的增收幅度略大于深度贫困县。农村居民人均可支配收入方面，一般贫困县从 8 280.6 元增长到 11 754.1 元，增幅 41.9%；深度贫困县农业总产值从 6 371.1 元增长到 9 345.2 元，增幅 46.7%；即深度贫困县农村居民人均可支配收入高于一般贫困县。从不同收入类型来看，2015—2019 年期间，与产业扶贫相关的工资性收入和经营净收入在一般贫困县和深度贫困县均出现明显的上升趋势。其中，一般贫困县工资性收入增幅为 58.4%，深度贫困县增幅为 45.9%。一般贫困县经营净收入增幅为 21.4%，深度贫困县增幅为 19.6%（见表 5 - 9）。

表 5 - 9　2015 和 2019 年一般贫困县和深度贫困县脱贫增收情况

	2015 年			2019 年		
	一般贫困县	深度贫困县	平均	一般贫困县	深度贫困县	平均
农业总产值（万元）	307 922.6	228 902.5	262 768.3	401 678.0	310 690.2	349 685.0
农村居民人均可支配收入（元）	8 280.6	6 371.1	7 189.5	11 754.1	9 345.2	10 377.6
工资性收入（元）	2 929.3	2 813.9	2 863.4	4 640.3	4 106.6	4 335.3
经营净收入（元）	4 075.0	2 124.0	2 960.1	4 945.2	2 541.2	3 571.5
财产净收入（元）	209.8	124.9	161.3	219.9	221.6	220.9
转移净收入（元）	1 066.5	1 308.3	1 204.7	1 948.8	2 475.9	2 250.0
主要通过发展产业实现脱贫贫困户数（户）	0	0	0	9 310.3	16 768.1	13 571.9
主要通过发展产业实现脱贫贫困人口数（人）	0	0	0	35 439.3	57 837.1	48 238.1

3. 非少数民族县和少数民族县增收脱贫情况

将样本县分为非少数民族贫困县和少数民族贫困县后对比增收指标后发现，少数民族贫困县因产业扶贫带动的增收幅度略大于非少数民族贫困县。2015—2019 年期间，非少数民族贫困县农村居民人均可支配收入从 7 410.1 元增长到 10 438.0 元，增幅 40.9%；少数民族贫困县从 6 527.6 元增长到 10 196.4元，增幅 56.2%；即少数民族贫困县农村居民人均可支配收入绝对值小于非少数民族县，但增幅高于非少数民族贫困县。从不同收入类型来看，2015—2019 年期间，与产业扶贫相关的工资性收入和经营净收入在非少数民族贫困县和少数民族贫困县均出现明显的上升趋势。其中，非少数民族贫困县工资性收入增幅为44.5%；少数民族贫困县增幅为74.1%。非少数民族贫困县经营净收入增幅为23.6%，少数民族贫困县增幅为11.7%（见表5-10）。

表5-10　2015和2019年非少数民族县与少数民族县脱贫增收情况

	2015年			2019年		
	非少数民族贫困县	少数民族贫困县	平均	非少数民族贫困县	少数民族贫困县	平均
农业总产值（万元）	274 714.0	226 931.1	262 768.3	358 361.6	323 655.0	349 685.0
农村居民人均可支配收入（元）	7 410.1	6 527.6	7 189.5	10 438.0	10 196.4	10 377.6
工资性收入（元）	2 931.4	2 659.4	2 863.4	4 237.0	4 630.2	4 335.3
经营净收入（元）	2 963.2	2 951.0	2 960.1	3 662.8	3 297.6	3 571.5
财产净收入（元）	205.0	30.3	161.3	230.9	190.8	220.9
转移净收入（元）	1 310.6	886.9	1 204.7	2 307.3	2 077.9	2 250.0
主要通过发展产业实现脱贫贫困户数（户）	0	0	0	12 793.9	15 905.9	13 571.9
主要通过发展产业实现脱贫贫困人口数（人）	0	0	0	45 663.1	55 962.9	48 238.1

（二）产业扶贫带动特色产业发展情况

各地特色产业聚焦传统，同时挖掘地域特点和优势。因地制宜的特色产业发展是实现贫困地区稳定脱贫的重要途径和长久之计。特色产业基地建设是特色产业健康发展的基础和保证。

1. “一村一品”示范村镇建设情况

根据调研数据显示，28个样本县共有“一村一品”示范村镇761个，平均每县27.2个；建有“一村一品”特色产业基地的贫困村占比达到35.1%。

从地区角度对比来看，深度贫困县和非少数民族县在“一村一品”特色产业发展方面分别优于一般贫困县和少数民族县。深度贫困县平均拥有“一村一品”示范村镇数量为37.5个，建有“一村一品”特色产业基地的贫困村占比为45.7%，分别比一般贫困县多179.9%、117.6%；非少数民族县平均拥有“一村一品”示范村镇数量为33.2个，建有“一村一品”特色产业基地的贫困村占比为35.7%，分别比高于少数民族县多268.9%、7.2%（见图5-13）。

2. 各类特色产业基地发展数量与占比

从特色产业基地建设数量看，2015年28个样本县共建有特色产业基地3 517个。2019年，28个样本县特色产业基地增长到14 301个，增幅超过300%。

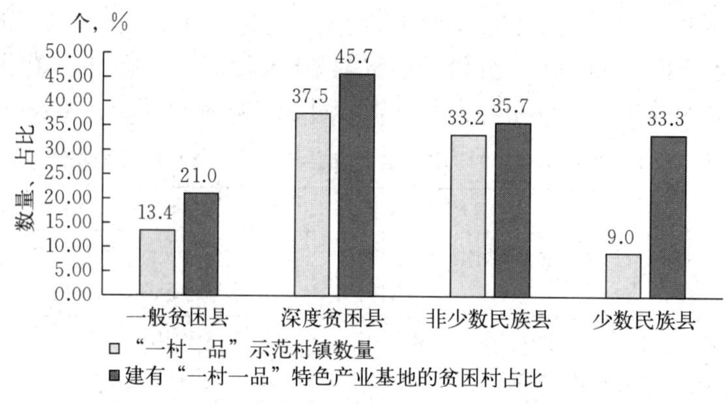

图 5－13　2019 年样本县“一村一品”示范村镇建设

从不同类别特色产业基地占比看，2015 年 28 个样本县共建有特色产业基地中，种植业、养殖业、休闲农业与乡村旅游特色产业基地数量位列前三，数量分别为 1 345 个、909 个、623 个，占比分别达到 38.2%、25.9%、17.7%。2019 年，28 个样本县特色产业基地中种植业、养殖业、休闲农业与乡村旅游特色产业基地数量依然位列前三，数量分别增长为 4 193 个、3 103 个、2 144 个，增幅分别为 211.7%、241.4%、244.1%，占比分别为 29.3%、21.7%、15.0%。值得注意的是，虽然这三大传统特色产业数量增幅明显，但占比均出现明显下降；而农产品加工业、特色手工业等特色产业基地数量增长显著，基地数量占比也分别从 2015 年的 8.4%、1.2% 上升至 2019 年的 14.2%、4.4%，表明贫困地区特色产业基地发展逐步向多元化方向发展（见图 5－14、图 5－15）。

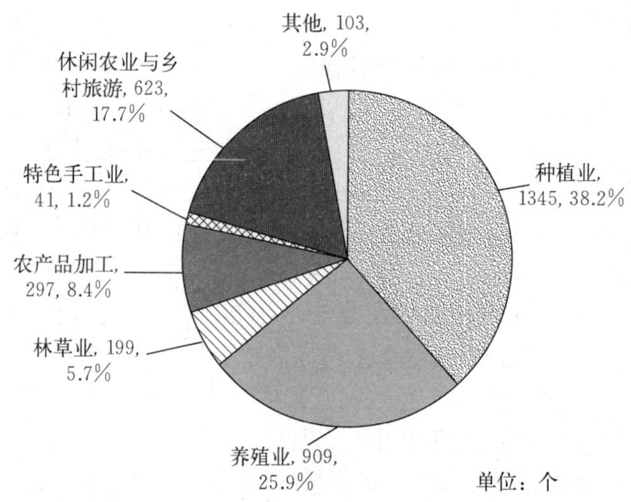

图 5－14　2015 样本县特色产业基地总数与占比

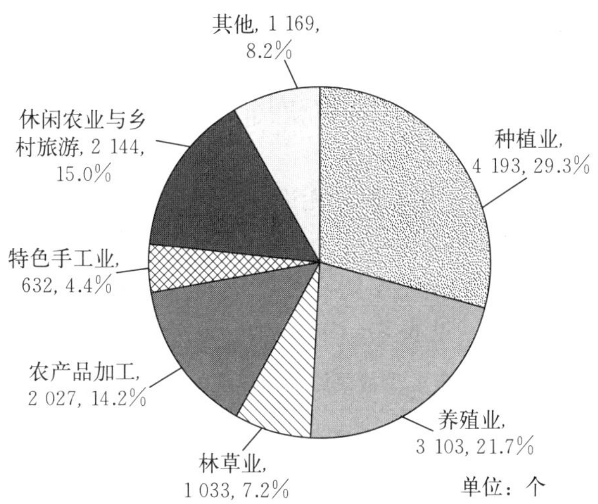

图 5－15　2019 年样本县特色产业基地总数与占比

3. 分地区特色产业基地发展数量对比分析

一般贫困县和深度贫困县产业基地数量方面，各类地区特色产业基地建设在 2015—2019 年期间均由明显的进步和发展。样本县中，一般贫困县各县 2015 年特色产业基地数量均值为 34.3 个；2019 年一般贫困县各县特色产业基地数量均值增长为 417.6 个，是 2015 年的 12.2 倍。

深度贫困县特色产业基地数量无论是在 2015 年还是 2019 年均高于一般贫困县。深度贫困县各县 2015 年特色产业基地数量均值为 194.1 个。2019 年，深度贫困县各县特色产业基地数量均值增长为 580.6 个，数量较 2015 年增幅达到 199.1%（见表 5－11）。

表 5－11　2015 和 2019 年一般贫困县和深度贫困县特色产业发展情况

	2015 年			2019 年		
	一般贫困县	深度贫困县	平均	一般贫困县	深度贫困县	平均
“一村一品”示范村镇数量（个）	0	0	0	13.42	37.50	27.18
建有“一村一品”特色产业基地的贫困村占比（%）	0	0	0	21.00	45.72	35.12
种植业扶贫基地数量（个）	11.83	75.19	48.04	112.08	178.00	149.75
养殖业扶贫基地数量（个）	9.17	49.94	32.46	49.75	156.63	110.82
林草业扶贫基地数量（个）	4.83	8.81	7.11	30.33	41.81	36.89
农产品加工业扶贫基地数量（个）	6.75	13.50	10.61	111.42	43.13	72.39
特色手工业扶贫基地数量（个）	0.17	2.44	1.46	40.08	9.44	22.57
休闲农业与乡村旅游扶贫基地数量（个）	1.08	38.13	22.25	36.92	106.31	76.57
其他扶贫基地数量（个）	0.50	6.06	3.68	37.00	45.31	41.75

从非少数民族贫困县和少数民族贫困县产业基地数量对比来看，非少数民族县中，各县2015年特色产业基地数量均值为85.1个/县；2019年非少数民族贫困县各县特色产业基地数量均值增长为475.1个/县，是2015年的5.6倍。

少数民族县的特色产业基地数量无论是在2015年还是2019年均高于非少数民族贫困县。少数民族贫困县各县2015年特色产业基地数量均值为247个/县；2019年，少数民族贫困县各县特色产业基地数量均值增长为617.7个/县，是2015年的2.5倍（见表5-12）。

表5-12　2015和2019年非少数民族县与少数民族县特色产业基地建设情况

	2015年			2019年		
	非少数民族贫困县	少数民族贫困县	平均	非少数民族贫困县	少数民族贫困县	平均
“一村一品”示范村镇数量（个）	0	0	0	33.24	9.00	27.18
建有“一村一品”特色产业基地的贫困村占比（%）	0	0	0	35.73	33.30	35.12
种植业扶贫基地数量（个）	37.52	79.57	48.04	138.05	184.86	149.75
养殖业扶贫基地数量（个）	24.86	55.29	32.46	97.43	151.00	110.82
林草业扶贫基地数量（个）	6.81	8.00	7.11	37.95	33.71	36.89
农产品加工业扶贫基地数量（个）	11.00	9.43	10.61	82.24	42.86	72.39
特色手工业扶贫基地数量（个）	0.86	3.29	1.46	24.57	16.57	22.57
休闲农业与乡村旅游扶贫基地数量（个）	3.76	77.71	22.25	57.67	133.29	76.57
其他扶贫基地数量（个）	0.33	13.71	3.68	37.19	55.43	41.75

4. 分区域主导农业特色产业基地占比分析

样本县中，一般贫困县数量居于前三位的分别是种植业扶贫基地数量为11.83个/县、养殖业扶贫基地数量为9.17个/县、农产品加工业特色产业基地6.75个/县，占比分别为34.50%、26.70%、19.70%。2019年一般贫困县数量居于前三位的分别是种植业基地112.08个/县、农产品加工业基地111.42个/县、养殖业特色产业基地49.75个/县，数量分别是2015年的9.5倍、16.5倍、5.4倍；占比分别为26.80%、26.70%、11.90%。

深度贫困县各县2015年特色产业基地数量居于前三位的分别是种植业基地75.19个/县、养殖业基地49.94个/县、休闲农业与乡村旅游特色产业基地38.13个/县，占比分别为38.70%、25.70%、19.60%。2019年，深度贫困县各县特色产业基地数量居于前三位的分别依然是种植业基地178.00个/县、养殖业基地156.63个/县、休闲农业乡村旅游基地106.31个/县，数量分别是

2015 年的 2.4 倍、3.1 倍、2.8 倍；占比分别为 30.70%、27.00%、18.30%（见表 5－13）。

表 5－13　2015 与 2019 年一般贫困县和深度贫困县特色产业基地建设情况

		各类基地数量（个）		各类基地数量占比（%）	
		一般贫困县	深度贫困县	一般贫困县	深度贫困县
种植业扶贫基地数量	2015 年	11.83	75.19	34.50	38.70
	2019 年	112.08	178.00	26.80	30.70
	增幅（%）	847.42	136.73	－22.32	－20.67
养殖业扶贫基地数量	2015 年	9.17	49.94	26.70	25.70
	2019 年	49.75	156.63	11.90	27.00
	增幅（%）	442.53	213.64	－55.43	5.06
林草业扶贫基地数量	2015 年	4.83	8.81	14.10	4.50
	2019 年	30.33	41.81	7.30	7.20
	增幅（%）	527.95	374.57	－48.23	60.00
农产品加工业扶贫基地数	2015 年	6.75	13.50	19.70	7.00
	2019 年	111.42	43.13	26.70	7.40
	增幅（%）	1 550.67	219.48	35.53	5.71
特色手工业扶贫基地数	2015 年	0.17	2.44	0.50	1.30
	2019 年	40.08	9.44	9.60	1.60
	增幅（%）	23 476.47	286.89	1 820.00	23.08
休闲农业与乡村旅游扶贫基地数	2015 年	1.08	38.13	3.10	19.60
	2019 年	36.92	106.31	8.80	18.30
	增幅（%）	3 318.52	178.81	183.87	－6.63
其他扶贫基地数量	2015 年	0.5	6.06	1.50	3.10
	2019 年	37.00	45.31	8.90	7.80
	增幅（%）	7 300.00	647.69	493.33	151.61

非少数民族县中，各县 2015 年特色产业基地数量居于前三位的分别是种植业基地 37.52 个/县、养殖业基地 24.86 个/县、农产品加工业特色产业基地 11.00 个/县，占比分别为 44.10%、29.20%、12.90%。2019 年非少数民族贫困县各县特色产业基地数量居于前三位的分别是种植业基地 138.05 个/县、养殖业特色产业基地 97.43 个/县、农产品加工业基地 82.24 个/县，数量分别是 2015 的 3.7 倍、3.9 倍、7.5 倍；占比分别为 29.10%、20.50%、17.30%。

少数民族贫困县各县 2015 年特色产业基地数量居于前三位的分别是种植业基地 79.57 个/县、养殖业基地 55.29 个/县、休闲农业与乡村旅游特色产业基地77.71个/县，占比分别为32.20%、22.40%、31.50%。2019年，少数民族贫困县各县特色产业基地数量均值增长为617.7个/县，数量较2015年增幅达到150.1%；数量居于前三位的分别依然是种植业基地184.86个/县、养殖业基地151.00个/县、休闲农业乡村旅游基地133.29个/县，数量分别是2015年的2.3倍、2.7倍、1.7倍，占比分别为29.90%、24.40%、21.60%（见表5-14）。

表5-14　2015与2019年非少数民族贫困县和少数民族贫困县特色产业基地建设情况

		各类基地数量（个）		各类基地数量占比（%）	
		非少数民族县	少数民族县	非少数民族县	少数民族县
种植业扶贫基地数量	2015年	37.52	79.57	44.10	32.20
	2019年	138.05	184.86	29.10	29.90
	增幅（%）	267.94	132.32	−34.01	−7.14
养殖业扶贫基地数量	2015年	24.86	55.29	29.20	22.40
	2019年	97.43	151.00	20.50	24.40
	增幅（%）	291.91	173.11	−29.78	8.93
林草业扶贫基地数量	2015年	6.81	8.00	8.00	3.20
	2019年	37.95	33.71	8.00	5.50
	增幅（%）	457.27	321.38	0	71.88
农产品加工业扶贫基地数	2015年	11.00	9.43	12.90	3.80
	2019年	82.24	42.86	17.30	6.90
	增幅（%）	647.64	354.51	34.11	81.58
特色手工业扶贫基地数	2015年	0.86	3.29	1.00	1.30
	2019年	24.57	16.57	5.20	2.70
	增幅（%）	2 756.98	403.65	420.00	107.69
休闲农业与乡村旅游扶贫基地数	2015年	3.76	77.71	4.40	31.50
	2019年	57.67	133.29	12.10	21.60
	增幅（%）	1 433.78	71.52	175.00	−31.43
其他扶贫基地数量	2015年	0.33	13.71	0.40	5.60
	2019年	37.19	55.43	7.80	9.00
	增幅（%）	11 169.70	304.30	1 850.00	61.71

通过分区域对比可以发现，各地区的特色产业基地发展依然以传统的种植业、养殖业为主，二者占比合计超过50%；虽然2019年传统种植业和养殖业特色产业基地的占比有所下降，但其整体占比依然较大。相对于一般贫困县和非少数民族县发展农产品加工特色产业而言，深度贫困县和少数民族县具有自

然环境和民族特色文化禀赋，更能够在休闲农业和乡村旅游产业基地发展方面发挥优势，带动区域脱贫增收。

（三）新型农业经营主体发展及带贫情况

新型农业经营主体包括专业大户、家庭农场、农民专业合作社、农业龙头企业等。与传统小农户相比，具有集约化、专业化、组织化、社会化四大特征。新型农业经营主体的发展直接促进农业供给侧结构性改革，优化农业生产结构，带动贫困小农户与农业现代化衔接，面向农村提供大量的就业岗位，帮扶农村贫困农户就业增收。可以说，新型农业经营主体是促进脱贫攻坚、实现乡村全面振兴的主力军。

1. 各地新型农业经营主体数量均实现了大幅增长

根据调研数据显示，2015—2019 年期间，28 个样本县新型农业经营主体数量均实现了大幅增长。2015 年，28 个样本县共有新型农业经营主体 11 188 家。其中龙头企业共 551 家，各县平均 19.7 家；农民专业合作社 8 947 家，各县平均 319.5 家；家庭农场 1 690 家，各县平均 60.4 家。2019 年，28 个样本县新型农业经营主体数量增长至 26 533 家，增幅达到 137.2%。其中龙头企业共 943 家，各县平均 33.7 家；农民专业合作社 21 011 家，各县平均 750.4 家；家庭农场 4 579 家，各县平均 163.5 家。

分地区域看，深度贫困县的新型农业经营主体绝对数量多于一般贫困县，但一般贫困县新型农业经营主体数量在 2015—2019 年期间增幅相对高于深度贫困县。2015—2019 年期间，深度贫困县各县龙头企业数量从 19.31 个增长到 32.88 个，增幅达到 70.27%；农民专业合作社数量由 360.63 个增长到 826.31 个，增幅达到 129.13%；家庭农场数量由 41.69 个增长到 142.69 个，增幅达到 242.26%。同期，一般贫困县各县龙头企业数量从 16.83 个增长到 34.75 个，增幅达到 106.48%；农民专业合作社数量由 264.75 个增长到 649.17 个，增幅达到 145.20%；家庭农场数量由 85.25 个增长到 191.33 个，增幅达到 124.43%（见表 5 - 15）。

表 5 - 15　2015 与 2019 年一般贫困县和深度贫困县新型经营主体数量

	龙头企业数量（个）			农民专业合作社数量（个）			家庭农场数量（个）		
	2015 年	2019 年	增幅（%）	2015 年	2019 年	增幅（%）	2015 年	2019 年	增幅（%）
一般贫困县	16.83	34.75	106.48	264.75	649.17	145.20	85.25	191.33	124.43
深度贫困县	19.31	32.88	70.27	360.63	826.31	129.13	41.69	142.69	242.26

非少数民族县的新型经营主体 2015—2019 年期间无论在绝对数量还是增幅上都相对高于少数民族县。2015—2019 年期间，非少数民族县各县龙头企

业数量从 19.48 个增长到 31.71 个，增幅达到 62.78%；农民专业合作社数量由 315.14 个增长到 808.38 个，增幅达到 156.51%；家庭农场数量由 68.48 个增长到 186.62 个，增幅达到 172.52%。同期，少数民族县各县龙头企业数量从 14.57 个增长到 39.57 个，增幅达到 171.59%；农民专业合作社数量由 332.71 个增长到 576.43 个，增幅达到 73.25%；家庭农场数量由 36.00 个增长到 94.29 个，增幅达到 161.92%（见表 5-16）。

表 5-16　2015 与 2019 年非少数民族贫困县和少数民族贫困县新型经营主体数量

	龙头企业数量（个）			农民专业合作社数量（个）			家庭农场数量（个）		
	2015 年	2019 年	增幅（%）	2015 年	2019 年	增幅（%）	2015 年	2019 年	增幅（%）
非少数民族县	19.48	31.71	62.78	315.14	808.38	156.51	68.48	186.62	172.52
少数民族县	14.57	39.57	171.59	332.71	576.43	73.25	36.00	94.29	161.92

2. 各地各类新型农业经营主体带动贫困人口差异明显

各主体带动贫困人口效果方面，农民专业合作社带动贫困人口总数最多。根据调研数据显示，2015—2019 年期间，28 个样本县各类新型农业经营主体带动贫困人口数量均实现了大幅增长。2015 年，28 个样本县新型农业经营主体共带动贫困人口 46.1 万人。其中，28 个样本县龙头企业共带贫 17.6 万人，各县龙头企业平均带贫 6 503 人；农民专业合作社带动贫困人口 26.8 万人，各县农民合作社平均带贫 9 571.4 人；家庭农场带动贫困人口 1.7 万人，各县平均家庭农场平均带贫 607.1 人。2019 年，28 个样本县新型农业经营主体共带动贫困人口 190.5 万人，是 2015 年的 3.1 倍。其中，28 个样本县龙头企业共带贫 56.6 万人，各县龙头企业平均带贫 20 215.2 人，是 2015 年的 3.1 倍；农民专业合作社带动贫困人口 129.7 万人，各县农民专业合作社平均带贫 46 322.7人，是 2015 的 4.8 倍；家庭农场带动贫困人口 4.2 万人，各县平均家庭农场平均带贫 1 502.8 人，是 2015 年的 2.5 倍。

分地区域看，深度贫困县的新型农业经营主体带动贫困人口数多于一般贫困县，2015—2019 年期间，深度贫困县各县龙头企业带动贫困人口数量从 6 563.38人增长到 23 979.94 人，增幅达到 265.36%；农民专业合作社带动贫困人口数量由 12 336.50 人增长到 56 844.56 人，增幅达到 360.78%；家庭农场带贫人口数量由 886.13 人增长到 1 577.94 人，增幅达到 78.07%。同期，一般贫困县各县龙头企业带贫人口数量从 5 889.08 人增长到 15 195.58 人，增幅达到 158.03%；农民专业合作社带贫人口数量由 5 852.08 人增长到 32 293.58人，增幅达到 451.83%；家庭农场带贫人口数量由 207.58 人增长到 1 402.58 人，增幅达到 575.68%（见表 5-17）。

表 5-17　2015 与 2019 年一般贫困县和深度贫困县各类经营主体带动贫困人口数

	龙头企业带动贫困人口（人）			农民专业合作社带动贫困人口（人）			家庭农场带动贫困人口（人）		
	2015 年	2019 年	增幅（%）	2015 年	2019 年	增幅（%）	2015 年	2019 年	增幅（%）
一般贫困县	5 889.08	15 195.58	158.03	5 852.08	32 293.58	451.83	207.58	1 402.58	575.68
深度贫困县	6 563.38	23 979.94	265.36	12 336.50	56 844.56	360.78	886.13	1 577.94	78.07

非少数民族贫困县新型农业经营主体带贫人口数相对高于少数民族贫困县。2015—2019 年期间，非少数民族贫困县各县龙头企业带动贫困人口数量从 6 503.10 人增长到 21 083.90 人，增幅达到 224.21%；农民专业合作社带动贫困人口数量由 9 661.14 人增长到 45 228.90 人，增幅达到 368.15%；家庭农场带贫人口数量由 736.81 人增长到 1 744.38 人，增幅达到 136.75%。同期，少数民族贫困县各县龙头企业带贫人口数量从 5 588.29 人增长到 17 609.14 人，增幅达到 215.11%；农民专业合作社带贫人口数量由 9 246.43 人增长到 49 604.14 人，增幅达到 436.47%；家庭农场带贫人口数量由 170.86 人增长到 778.00 人，增幅达到 355.34%（见表 5-18）。

表 5-18　2015 与 2019 年非少数民族贫困县和少数民族贫困县各类经营主体带动贫困人口数

	龙头企业带动贫困人口（人）			农民专业合作社带动贫困人口（人）			家庭农场带动贫困人口（人）		
	2015 年	2019 年	增幅（%）	2015 年	2019 年	增幅（%）	2015 年	2019 年	增幅（%）
非少数民族县	6 503.10	21 083.90	224.21	9 661.14	45 228.90	368.15	736.81	1 744.38	136.75
少数民族县	5 588.29	17 609.14	215.11	9 246.43	49 604.14	436.47	170.86	778.00	355.34

3. 各地各类新型农业经营主体带贫效率同样存在差异明显

带动效率方面，单个龙头企业带动贫困人口人数最多、带动效率最高；其次是农民专业合作社。2015—2019 年期间，调研数据中每个龙头企业平均带动贫困人口由 343.8 人增长到 600.2 人，增幅达到 74.6%；每个农民专业合作社平均带动贫困人口由 30 人增加到 61.7 人，增幅达到 105.7%；每个家庭农场平均带动贫困人口基本维持在 9 人左右，2019 年与 2015 年基本持平。

深度贫困县龙头企业、农民专业合作社等经营主体的带贫效率高于一般贫困县。2015—2019 年期间，深度贫困县每个龙头企业平均带动贫困人口由 339.9 人增长到 729.3 人，增幅达到 114.56%，绝对数量和增幅高于一般贫困县；每个农民专业合作社平均带动贫困人口由 34.2 人增长到 68.8 人，增幅达到 101.17%，绝对数量和增幅高于一般贫困县；每个家庭农场平均带动贫困人口由 21.3 人降至 11.1 人，而一般贫困县每个家庭农场平均带动贫困人口由

2.4人升至7.3人，深度贫困县家庭农场虽然带动人数下降，但绝对数量依然明显高于一般贫困县（见表5-19）。

表5-19　2015与2019年一般贫困县与深度贫困县各主体带动贫困人口效率

	龙头企业带动贫困人口（人）			农民专业合作社带动贫困人口（人）			家庭农场带动贫困人口（人）		
	2015年	2019年	增幅（%）	2015年	2019年	增幅（%）	2015年	2019年	增幅（%）
一般贫困县	349.9	437.3	24.98	22.1	49.7	124.89	2.4	7.3	204.17
深度贫困县	339.9	729.3	114.56	34.2	68.8	101.17	21.3	11.1	−47.89

非少数民族贫困县龙头企业带贫效率相对较高，少数民族贫困县农民专业合作社等经营主体带贫效率相对更有优势。2015—2019年期间，非少数民族贫困县每个龙头企业平均带动贫困人口由333.8人增长到664.9人，增幅达到99.19%，绝对数量和增幅高于少数民族贫困县。少数民族贫困县每个农民专业合作社平均带动贫困人口由27.8人增长到86.1人，增幅达到209.71%，绝对数量和增幅高于非少数民族贫困县。少数民族贫困县家庭农场带动贫困人口效率由4.7人上升到8.3人，增幅73.60%；非少数民族贫困县家庭农场带贫效率始终保持在9～10人，变化幅度不大（见表5-20）。

表5-20　2015与2019年非少数民族贫困县与少数民族贫困县各主体带动贫困人口效率

	龙头企业带动贫困人口（人）			农民专业合作社带动贫困人口（人）			家庭农场带动贫困人口（人）		
	2015年	2019年	增幅（%）	2015年	2019年	增幅（%）	2015年	2019年	增幅（%）
非少数民族县	333.8	664.9	99.19	30.7	56.0	82.41	10.8	9.3	−13.89
少数民族县	383.5	445.0	16.04	27.8	86.1	209.71	4.7	8.3	73.60

4. 主体带动贫困人口人均增收实现较大幅度增长

根据调研数据显示，2015—2019年期间，28个样本县各类新型农业经营主体带动贫困人口人均增收均实现了大幅增长。2015年，28个样本县各县所有龙头企业带动贫困人口人均增收758.6元；农民专业合作社带动贫困人口人均增收431.9元；家庭农场带动贫困人口人均增收320.3元。2019年，28个样本县各县所有龙头企业带动贫困人口人均增收1 583.6元，增幅为108.8%；农民专业合作社带动贫困人口人均增收1 068.7元，增幅为147.4%；家庭农场带动贫困人口人均增收845.1元，增幅为163.8%。

分地区域看，深度贫困县和一般贫困县各类新型农业经营主体带贫人均增收情况各有优势。2015—2019年期间，深度贫困县各县龙头企业带动贫困人口人均增收从981.56元增长到1 594.63元，增幅达到62.46%，增幅明显低于一般贫困县，但二者2019年人均增收绝对数量持平。一般贫困县农民专业合作社带动贫困人口人均增收由 314.83 元增长到 1 182.08 元，增幅达到 275.47%，无论从绝对量还是增幅都高于深度贫困县。深度贫困县家庭农场带贫人口人均增收由 409.44 元增长到 1 037.88 元，增幅达到 153.49%，无论从绝对量还是增幅都高于深度贫困县（见表 5－21）。

表 5－21　2015 与 2019 年一般贫困县与深度贫困县各主体带动贫困人口增收情况

	龙头企业带动贫困人口人均增收（元）			农民专业和合作社带动贫困人口人均增收（元）			家庭农场带动贫困人口人均增收（元）		
	2015 年	2019 年	增幅（%）	2015 年	2019 年	增幅（%）	2015 年	2019 年	增幅（%）
一般贫困县	461.42	1 568.92	240.02	314.83	1 182.08	275.47	201.33	589.5	192.8
深度贫困县	981.56	1 594.63	62.46	519.81	983.73	89.25	409.44	1 037.88	153.49

少数民族贫困县各类新型农业经营主体带动贫困人口人均增收情况明显优于非少数民族贫困县。2015—2019 年期间，少数民族贫困县各县龙头企业带动贫困人口人均增收从 860.00 元增长到 2 042.71 元，增幅达到 137.52%；农民专业合作社带动贫困人口人均增收由 347.86 元增长到 1 748.14 元，增幅达到 402.54%；家庭农场带贫人口人均增收由 517.14 元增长到 1 197.14 元，增幅达到 131.49%。从增收数额和增长幅度来看，少数民族贫困县各类新型农业经营主体带动贫困人口人均增收方面相对优于非少数民族贫困县（见表 5－22）。

表 5－22　2015 与 2019 年非少数民族与少数民族贫困县各主体带动贫困人口增收情况

	龙头企业带动贫困人口人均增收（元）			农民专业合作社带动贫困人口人均增收（元）			家庭农场带动贫困人口人均增收（元）		
	2015 年	2019 年	增幅（%）	2015 年	2019 年	增幅（%）	2015 年	2019 年	增幅（%）
非少数民族县	724.86	1 430.57	97.36	460.00	842.27	83.10	254.62	728.57	186.14
少数民族县	860.00	2 042.71	137.52	347.86	1 748.14	402.54	517.14	1 197.14	131.49

（四）农业社会化服务组织发展情况

农业生产社会化服务带动贫困人口增收作用明显。近年一大批生产托管服务组织主动作为，为农民提供“保姆式”生产托管服务，保障各地农业生产顺利开展。通过服务组织提供专业化、规模化服务，有利于破解“谁来种地、怎么种地”难题，促进农业生产节本增效，引领贫困户进入现代农业发展轨道。

1. 农业生产社会化服务组织数量

根据调研数据显示，2019 年 28 个样本县共有新型农业社会化服务组织 1 843个，县均 65.8 个；各县贫困人口每万人拥有农业生产社会化服务组织为

12.5个。

分地区看，深度贫困县县均农业生产社会化服务组织数为47.6个，明显低于一般贫困县90.1个；深度贫困县各县贫困人口每万人拥有量7个，同样低于一般贫困县的19.7个。少数民族贫困县县均农业生产社会化服务组织数为26.6个，明显低于非少数民族贫困县78.9个；少数民族贫困县各县贫困人口每万人拥有量7.2个，同样低于一般贫困县的14.2个（见表5－23）。

表5－23　2019年样本县农业生产社会服务组织产业扶贫情况

	新型农业社会化服务组织数量（个）	所有新型农业社会化服务组织带动贫困人口（万人）	所有新型农业社会化服务组织带动贫困人口人均增收（元）
一般贫困县	90.1	1.3	382.2
深度贫困县	47.6	1.3	858.4
非少数民族县	78.9	1.5	649.2
少数民族县	26.6	0.4	669.4
全部样本县	65.8	1.3	654.3

2. 农业生产社会化服务组织带贫效果

根据调研数据显示，2019年28个样本县所有新型农业社会化服务组织带动贫困人口35.2万人，平均带动每县贫困人口1.3万人；所有新型农业社会化服务组织带动贫困人口人均增收654.3元。

从组织数量方面来看，深度贫困县新型农业社会化服务组织数量相对较少，但其在带动贫困人口数量、带动人均增收金额方面发挥了较高的效率，带贫效率较高。深度贫困县各县新型农业社会化服务组织带动贫困人口数量1.3万人，与一般贫困县水平持平；促进贫困人口增收858.4元/人，明显高于一般贫困县382.2元/人。少数民族贫困县各县新型农业社会化服务组织带动的贫困人口数为0.4万人/县，少于非少数民族贫困县的1.5万人/县，但对贫困群众人均增收发挥重要作用，贫困人口人均增收669.4元/人，基本与非少数民族贫困县649.2元/人水平持平（见表5－23、表5－24、表5－25）。

表5－24　2015和2019年一般贫困县和深度贫困县社会化组织服务统计

	2015年			2019年		
	一般贫困县	深度贫困县	平均	一般贫困县	深度贫困县	平均
新型农业社会化服务组织数量（个）	0	0	0	90.08	47.63	65.82
所有新型农业社会化服务组织带动贫困人口（万人）	0	0	0	1.26	1.26	1.26
所有新型农业社会化服务组织带动贫困人口人均增收（元）	0	0	0	382.17	858.38	654.29

表 5-25　2015 和 2019 年非少数民族县与少数民族县社会化组织服务统计

	2015 年			2019 年		
	非少数民族贫困县	少数民族贫困县	平均	非少数民族贫困县	少数民族贫困县	平均
新型农业社会化服务组织数量（个）	0	0	0	78.90	26.57	65.82
所有新型农业社会化服务组织带动贫困人口（万人）	0	0	0	1.53	0.44	1.26
所有新型农业社会化服务组织带动贫困人口人均增收（元）	0	0	0	649.25	669.43	654.29

（五）农产品品牌建设情况

基础品牌建设工作长足发展，高端品牌建设仍面临挑战。加快推进农产品区域品牌建设，是优化产品和产业结构、推进农业提质增效的有效手段，是转变农业发展方式、加快建设现代农业的一项紧迫任务，也是推进农业供给侧结构性改革的一个重要突破口。加强农产品区域品牌标准化建设，也有利于推进质量兴农、品牌强农，是实施长久脱贫、乡村振兴战略、推动农业高质量发展与实现品牌强国战略的积极探索与实践。

1. 品牌建设发展总体数量情况

根据调研数据显示，28 个样本县在 2015—2019 年间农产品品牌建设工作得到长足发展。2015 年共拥有注册商标品牌 2 470 个，平均每县 88.2 个；拥有绿色食品质量认证 70 个，平均每县 2.5 个；拥有有机农产品认证 81 个，平均每县 2.9 个；拥有农产品地理标志数量 13 个，平均每县 0.5 个。到 2019 年，28 个样本县共拥有注册商标品牌 5 690 个，平均每县 203.2 个，增幅达到 130.4%；拥有绿色食品质量认证 260 个，平均每县 9.3 个，增幅达到 272.0%；拥有有机农产品认证 266 个，平均每县 9.5 个，增幅达到 227.6%；拥有农产品地理标志数量 32 个，平均每县 1.1 个，增幅达到 120.0%。

2. 不同地区品牌建设发展对比分析

分地区考察发现，2015—2019 年期间，一般贫困县和非少数民族贫困县注册商品品牌数量及增幅总体高于深度贫困县和少数民族贫困县。其中，一般贫困县注册商标品牌数量从 130.6 个/县增长到 324.7 个/县，增幅为 148.6%；非少数民族贫困县注册商标品牌数量从 92.0 个/县增长到 222.1 个/县，增幅为 141.4%。但在绿色食品认证、有机农产品认证、农产品地理标志等品牌建设方面，深度贫困县和少数民族贫困县的增幅和品牌绝对数量相对明显。从具体的农产品品牌类型看，目前贫困地区的品牌建设依然主要集中于注册商标等相对基础的品牌建设工作；对于绿色食品认证、有机农产品认证和农产品地理标志等相对更高阶段的品牌建设工作，虽然已经完成了从无到有的过程，但依然存在较大的提升空间（见表5-26、表5-27、表5-28、表5-29)。

表5-26　2015与2019年一般贫困县与深度贫困县品牌建设情况

	注册商标（品牌）数量（个）			获得绿色食品认证数量（个）			获得有机农产品认证数量（个）			获得农产品地理标志数量（个）		
	2015年	2019年	增幅（%）	2015年	2019年	增幅（%）	2015年	2019年	增幅（%）	2015年	2019年	增幅（%）
一般贫困县	130.6	324.7	148.6	2.3	6.8	195.7	3.2	8.8	175.0	0.7	1.0	42.9
深度贫困县	56.4	112.1	98.8	2.7	11.1	311.1	2.7	10.0	270.4	0.3	1.3	333.3
全部样本县	88.2	203.2	130.4	2.5	9.3	272.0	2.9	9.5	227.6	0.5	1.1	120.0

表5-27　2015与2019年非少数民族贫困县与少数民族贫困县品牌建设情况

	注册商标（品牌）数量（个）			获得绿色食品认证数量（个）			获得有机农产品认证数量（个）			获得农产品地理标志数量（个）		
	2015年	2019年	增幅（%）	2015年	2019年	增幅（%）	2015年	2019年	增幅（%）	2015年	2019年	增幅（%）
非少数民族县	92.0	222.1	141.4	2.7	10.8	300.0	2.7	8.4	211.1	0.5	1.2	140.0
少数民族县	76.9	146.4	90.4	1.9	4.7	147.4	3.6	12.7	252.8	0.3	1.0	233.3
全部样本县	88.2	203.2	130.4	2.5	9.3	272.0	2.9	9.5	227.6	0.5	1.1	120.0

表5-28　2015和2019年一般贫困县和深度贫困县品牌建设情况

	2015年			2019年		
	一般贫困县	深度贫困县	平均	一般贫困县	深度贫困县	平均
注册商标（品牌）的数量（个）	130.58	56.44	88.21	324.67	112.13	203.21
获得绿色食品认证的数量（个）	2.25	2.69	2.50	6.83	11.13	9.29
获得有机农产品认证的数量（个）	3.17	2.69	2.89	8.83	10.00	9.50
获得农产品地理标志的数量（个）	0.67	0.31	0.46	1.00	1.25	1.14

表5-29　2015和2019年非少数民族县与少数民族县品牌建设情况

	2015年			2019年		
	非少数民族贫困县	少数民族贫困县	平均	非少数民族贫困县	少数民族贫困县	平均
注册商标（品牌）的数量（个）	92.00	76.86	88.21	222.14	146.43	203.21
获得绿色食品认证的数量（个）	2.71	1.86	2.50	10.81	4.71	9.29
获得有机农产品认证的数量（个）	2.67	3.57	2.89	8.43	12.71	9.50
获得农产品地理标志的数量（个）	0.52	0.29	0.46	1.19	1.00	1.14

四、县域产业扶贫投入贡献率的实证分析

通过以上的数量分析，已经能够较为清晰地观察到样本县产业扶贫工作主要成效。为了进一步明确量化产业扶贫的投入产出和贡献作用，本部分拟通过调研数据构建计量分析模型，对每单位产业扶贫资金投入对于贫困地区农民收入增加、贫困人口减少等结果指标的贡献率进行定量分析。即，产业扶贫资金投入每增加 1 个百分点，将会带动贫困地区农民收入增加 n 个百分点；产业扶贫资金投入每增加 1 个百分点，将会带动贫困人口减少（或贫困发生率降低，或其他减贫效果指标）n 个百分点，从而计算得出产业扶贫对农民收入增加的产出弹性，并计算出相应贡献率。

（一）模型构建

根据已有文献基础和调研获得的数据情况，以一般生产函数模型为基础，本研究构建面板数据模型，测算产业扶贫资金投入对于减贫增收的作用效果。考虑到样本数量和数据结构，为了更好地兼顾回归模型的自由度以及各县产业发展中不可观测的、不随时间改变的特征，本研究采用固定效应模型。本研究所用的固定效应模型可以表示为：

$$y_{it}=\beta_0+\mu_i+\beta_1 X_{it}+\varepsilon_{it} \qquad (5-1)$$

在式 5－1 中，y_{it} 表示 i 县在第 t 年的农户可支配收入或当地农业生产总值，本研究用各县农村居民人均可支配收入来表示；X_{it} 表示 i 县在第 t 年的产业扶贫投入，本研究用各县投入的产业扶贫资金额度来表示；β_0 表示截距项；μ_i 是各样本县自身不随时间变化的特征；β_1 是模型关键解释变量的估计参数，表示为每增加一单位的产业扶贫投入，相应被解释变量 y 将变化 β_1 个单位，即产业扶贫每增加投入 1 单位，带动全县 GDP 变化幅度或带动农村居民人均可支配收入变化幅度。

产业扶贫投入对农民收入或农业生产总值增长的贡献率，由产业扶贫投入的增长率乘以产业扶贫投入的产出弹性，再除以农民收入或生产总值的增长率得出。根据上述生产函数获得产业扶贫资金的产出弹性，计算出产业扶贫对相关产出增长的贡献率，利用下式：

$$\gamma=\beta\times\left(\frac{\Delta x}{x}\Big/\frac{\Delta y}{y}\right) \qquad (5-2)$$

在式 5－2 中，γ 为产业扶贫资金对产出增长的贡献率，β 为产业扶贫资金的产出弹性，$\frac{\Delta x}{x}$ 为产业扶贫投入的增长率，$\frac{\Delta y}{y}$ 为产业扶贫相关产出的变

化率。

（二）数据与变量设定

1. 数据来源

应用数据均来自本课题对全国 28 个贫困县的调研数据，含 28 个贫困县 2015 年和 2019 年两年期数据。县域样本的选取方法：在每个省份，综合考虑片区县、重点县和民族地区的情况，每个省份随机选择 4 个代表性的贫困县，最终选取 28 个样本县。28 个贫困县中，包含深度贫困县 16 个、少数民族县 7 个。调研数据中各变量为县域层面均值数据。

2. 指标含义

县域层面产业扶贫贡献率实际上测算的是产业扶贫投入的边际贡献，测算将重点从三个维度进行考量：一是产业扶贫投入对贫困县当地农业生产总值的影响；二是产业扶贫投入对贫困县当地农村居民人均可支配收入的影响；三是产业扶贫投入对贫困县当地贫困人口数量下降的影响。

根据上述三个维度的研究目标，将采用三组被解释变量。其中，第一维度用 $AGDP_{it}$ 作为被解释变量，代表 i 县在 t 年的农业总产值，为产业扶贫投入对当地农业生产的影响。第二维度用 $INCOME_{it}$ 作为被解释变量，代表 i 县在 t 年的农村居民人均可支配收入；$INCOME\_N_{it}$ 作为被解释变量，代表 i 县在 t 年四类农民收入（工资性收入、经营净收入、财产净收入、转移净收入）。上述两个被解释变量为产业扶贫投入对当地农村居民收入的影响。第三维度用 PP_{it} 作为被解释变量，代表 i 县在 t 年通过发展产业实现脱贫贫困人口数，该被解释变量为产业扶贫投入对当地贫困人口脱贫数量的影响。

模型解释变量中的核心变量为 FI_{it}，即表示 i 县在 t 年中财政投入产业扶贫资金数。选择用财政投入产业扶贫资金数来表示产业扶贫投入，主要是出于以下考虑：财政投入能够较好代表产业扶贫在资金、人员、资源方面的总体投入情况；财政投入与产业扶贫成效成正相关关系；财政投入变量能够被相对准确的衡量。

由于受到样本数量和调研数据结构的限制，模型不再加入其他控制变量，而是采用面板固定效应模型，从而平衡回归模型自由度与拟合优度之间的关系，同时避免解释变量之间的共线性问题。如果在未来的研究中能够实现样本扩充和数据结构的调整，模型将可根据数据情况进行进一步优化和调整。

3. 变量处理

被解释变量和解释变量的对数处理。为了消除变量之间的量纲及方差波动影响，使得模型设定更加符合 OLS 估计的基本假设，本研究将对被解释变量和解释变量进行对数处理。即模型中的被解释变量和解释变量均为原始变量的对数形式。

（三）估计结果

模型 1：$AGDP_{it}=\beta_0+\mu_i+\beta_1 FI_{it}+\varepsilon_{it}$

模型 1 表示，增加 1%的财政投入产业扶贫资金，地区农业生产总值将增加 β_1%。回归结果显示，当财政投入产业扶贫资金数增加 1%时，地区农业生产总值将增加 0.030%，估计系数显著，通过了 1%显著性水平检验。根据式 5－2，2015—2019 年期间财政投入产业扶贫资金对地区农业生产总值增长的贡献率为 18.2%。

模型 2：$INCOME_{it}=\beta_0+\mu_i+\beta_1 FI_{it}+\varepsilon_{it}$

模型 2 表示，增加 1%的财政投入产业扶贫资金，农村居民人均可支配收入将增加 β_1%。回归结果显示，当财政投入产业扶贫资金数增加 1%时，地区农业生产总值将增加 0.040%，估计系数显著，通过了 1%显著性水平检验。根据式 5－2，2015—2019 年期间财政投入产业扶贫资金对农村居民人均可支配收入增加的贡献率为 18.1%。

模型 3：$INCOME\_N_{it}=\beta_0+\mu_i+\beta_1 FI_{it}+\varepsilon_{it}$

模型 3 表示财政投入产业扶贫资金的增加对四类农民收入（工资性收入、经营净收入、财产净收入、转移净收入）分别的贡献。即增加 1%的财政投入产业扶贫资金，农村居民四类收入（工资性收入、经营净收入、财产净收入、转移净收入）将增加 β_1%。回归结果显示，财政投入产业扶贫资金对工资性收入、经营净收入和转移净收入的影响显著，通过了 1%显著性水平检验；但对财产净收入影响不显著。因此得出结论，即当财政投入产业扶贫资金数增加 1%时，工资性收入增加 0.046%，经营净收入增加 0.020%，转移净收入增加 0.082%。根据式 5－2，2015—2019 年期间，财政投入产业扶贫资金对工资性收入、经营性收入和转移性收入增加的贡献率分别为 18.0%、19.4% 和 18.9%。

模型 4：$PP_{it}=\beta_0+\mu_i+\beta_1 FI_{it}+\varepsilon_{it}$

模型 4 表示财政投入产业扶贫资金的增加对通过发展产业实现脱贫贫困户人数的贡献。即增加 1%的财政投入产业扶贫资金，通过发展产业实现脱贫贫困户人数将增加 β_1%。回归结果显示，当财政投入产业扶贫资金数增加 1%时，发展产业实现脱贫贫困户人数将增加 1.027%，估计系数显著，通过了 1%显著性水平检验。根据式 5－2，2015—2019 年期间，财政投入产业扶贫资金对通过发展产业实现贫困人口下降的贡献率为 33.4%（见表 5－30、表 5－31）。

表 5-30 回归结果

	变量	财政投入产业扶贫资金	常数项	拟合优度 R^2
模型 1	对地区农业生产总值的影响	0.030***	12.223***	0.583
	(t 值)	(6.203)	(474.555)	
模型 2	对农村居民人均可支配收入	0.040***	8.829***	0.914
	(t 值)	(17.225)	(714.885)	
模型 3	对农民工资性收入的影响	0.046***	7.838***	0.839
	(t 值)	(11.742)	(374.341)	
	对农民经营净收入的影响	0.020***	7.920***	0.400
	(t 值)	(4.202)	(313.772)	
	对农民财产净收入的影响	0.032	4.231***	0.030
	(t 值)	(0.819)	(19.888)	
	对农民转移净收入的影响	0.082***	6.763***	0.565
	(t 值)	(6.359)	(98.929)	
模型 4	通过发展产业实现脱贫的贫困户人数的影响	1.027***	−0.006	0.959
	(t 值)	(26.012)	(−0.031)	

注：*** 表示该变量在 1%的水平上显著。

表 5-31 县域产业扶贫贡献率结果

指标名称	产出弹性	投入变化率/产出变化率	贡献率
农业生产总值增加	0.030 1	6.05	18.2%
收入增加			
农民人均可支配收入	0.040 1	4.51	18.1%
工资性收入	0.046 3	3.89	18.0%
经营净收入	0.02	9.68	19.4%
转移净收入	0.081 8	2.31	18.9%
贫困人口下降	0.89	0.37	33.4%

五、小结

2015—2019 年期间，样本贫困县产业扶贫政策及投入力度达到了前所未有的强度。其中，财政支持、信贷发放、农业保险等财政金融服务支持力度加大、覆盖面扩大。2019 年，县均财政投入达到 2.7 亿元，县财政投入产业扶贫资金占财政投入扶贫资金的占比达到47%。产业扶贫财政投入对贫困村的覆盖面高达100%，对贫困户的覆盖面也达到95%，贫困户人均获得产业扶贫财政支持0.4万元。县均获小额信贷金额1.94亿元，贫困人口人均获得信贷支持金额达到0.4万元。每县平均拥有农业特色扶贫产业保险种类10种，对本地特色产业的覆盖面达到69.6%，对新型农业经营主体覆盖比例为37.5%。

同时，贫困地区在科技服务、电商服务、农业生产社会化组织服务等方面投入不断加大。农业技术人员不断增加，同时建立贫困户产业发展指导员机制，“一对一”对口帮扶新型农业经营主体和贫困群众，有效提高了各地推进产业扶贫的能力和水平。2019年，县均拥有农技员人数达到240.5人，较2015年增长16.7%；贫困人口每万人平均拥有农技员45.3人，较2015年增长24.1%；县均拥有产业发展指导员315.4人，贫困人口每万人平均拥有产业发展指导员45.5人。2019年，县均拥有电商服务站168.9个，是2015年的8.8倍；贫困人口每万人拥有电商服务站47.9个。

产业扶贫成效显著。首先，贫困地区农民收入持续增长。样本县农村居民人均可支配收入由2015年的7 189.5元增至2019年的10 377.6元，增幅44.3%。其次，贫困地区产业发展基础不断夯实。2019年，样本县均特色产业基地增长到510.8个，增幅超过300%；其中种植业、养殖业、休闲农业与乡村旅游特色产业基地数量依然位列前三，占比分别为29.3%、21.7%、15.0%。县均建成了“一村一品”示范村镇27.2个，建有“一村一品”特色产业基地的贫困村占比达到35.1%。2015—2019年间农产品品牌建设工作，尤其是基础品牌建设得到长足发展。到2019年，县均拥有注册商标品牌203.2个，增幅达到130.4%；县均拥有绿色食品质量认证9.3个，增幅达到272.0%；县均拥有有机农产品认证9.5个，增幅达到227.6%；县均拥有农产品地理标志数量1.1个，增幅达到120.0%。再次，新型农业经营主体蓬勃发展，带贫能力明显提升。新型经营主体数量实现了大幅增长。到2019年，县均新型农业经营主体增长至947.6家，增幅达到137.1%。其中，县均有33.7家龙头企业、750.4家农民专业合作社、163.5个家庭农场。各主体带动贫困人口方面，农民合作社带动贫困人口总数最多。2015—2019年期间，新型农业经营主体带动贫困人口数量增长313.2%。其中，各县龙头企业平均带贫20 215.2人，是2015年的3.1倍；各县农民专业合作社平均带贫46 322.7人，是2015年的4.8倍；各县平均家庭农场平均带贫1 502.8人，是2015年的2.5倍。2019年，县均新型农业社会化服务组织65.8个，县均带动贫困人口1.3万人，贫困人口每万人拥有农业生产社会化服务组织为12.5个。各主体带贫增收方面，龙头企业增收水平最高。2019年，龙头企业、农民专业合作社、家庭农场、社会化服务组织带动贫困人口人均增收分别为1 583.61元、

1 068.74 元、845.11 元、654.3 元。

计量模型估计结果显示，产业扶贫投入对贫困地区当地农业总产值、农民收入、人口脱贫均产生了显著的正向影响。具体而言，产业扶贫投入对于当地农业生产总值、农民人均可支配收入和贫困人口下降的影响显著，每增加 1%的投入，即可分别为当地农业生产总值和农民收入带来 0.030%和 0.040%的增长；使通过产业发展实现脱贫的贫困户人数增加 1.027%，贫困人口下降 0.89%。2015—2019 年期间，财政投入产业扶贫资金对地区农业生产总值增长的贡献率为 18.2%，对农村居民人均可支配收入增加的贡献率为 18.1%，对通过发展产业实现贫困人口下降的贡献率为 33.4%。

第六章

产业扶贫对行政村的贡献率

习近平总书记2018年10月在广东省考察时曾指出，产业扶贫是最直接、最有效的办法，也是增强贫困地区造血功能、帮助群众就地就业的长远之计。贫困群众要增收离不开乡村产业因地制宜地培育与发展。对7省28县112个行政村的抽样调查统计结果表明，得益于多年来产业扶贫的政策扶持和资金投入，贫困地区乡村产业在2015—2019年期间取得了长足发展。2019年，95.5%的样本村已经形成稳定的支柱产业，村均支柱产业2.4个；产业收入对2019年村集体经济收入的贡献为28.2%。

一、行政村产业数量增长

从形成稳定支柱产业的数量上看，贫困乡村产业发展有了零的突破。2015年，样本村均支柱产业为1个。2019年，村均支柱产业增加到2.4个。具体来说，2015年，35.7%的样本村尚未形成稳定的支柱产业，40.2%的样本村有1个稳定的支柱产业，13.4%的样本村有2个稳定的支柱产业，10.7%的样本村支柱产业数量超过2个。到2019年，只有4.5%的样本村尚未形成稳定的支柱产业，43.7%的样本村有2个以上的稳定支柱产业，24.1%的样本村有2个稳定的支柱产业，27.7%的样本村有1个稳定的支柱产业。

从建档立卡贫困村与非贫困村的比较来看，“十三五”期间，贫困村和非贫困村在行政村层面支柱产业培育上均有明显提高，从数量上看二者差距正在逐步缩小。具体而言，2015年，建档立卡贫困村平均有0.9个支柱产业，而非贫困村则有1.3个支柱产业。到2019年，贫困村平均有2.3个、非贫困村平均有2.6个支柱产业。2019年，非贫困村已经实现了村村有支柱产业，超过一半以上的非贫困村有2个以上的支持性产业。然而，尚有6%的建档立卡贫困村还没有形成稳定的支柱产业。此次调查结果表明，行政村产业规模小、缺乏稳定的销售渠道、缺乏龙头企业带动、品牌培育不足是贫困村支柱产业难以形成的主要原因。

从不同贫困区域看，“十三五”期间，深度贫困地区行政村扶贫产业培育成绩明显。2019 年底，深度贫困地区样本村，村均形成支柱产业 2.1 个，而 2015 年时，村均支柱产业只有 0.8 个。不过，相比一般贫困地区，还存在一定的差距。2019 年，一般贫困地区样本村，村均已经形成 2.5 个支柱产业，而且 41%的样本村有 2 个以上的支柱产业，而深度贫困地区有 2 个以上支柱产业的样本村占比只有 35%。

民族贫困地区与非民族贫困地区相比，2019 年，民族贫困地区行政村平均行政支柱产业 2.4 个，比 2015 年翻了一番，比非民族贫困地区高 0.1 个，整体相差不大。2019 年，民族贫困地区行政村有 2 个、2 个以上支柱产业的村比重分别为 29.0%、46.0%，分别比非民族贫困地区高 6 个、3.5 个百分点；但是仍有 7.0%的民族贫困地区行政村没有形成稳定的支柱产业，而非民族贫困地区只有 6.0%的行政村没有支柱产业（见表 6－1）。

表 6－1　2015 与 2019 年贫困地区行政村支柱产业数量情况

	年份	0 个（%）	1 个（%）	2 个（%）	2 个以上（%）
贫困村	2015	42.0	37.0	13.0	8.0
	2019	6.0	29.0	25.0	40.0
非贫困村	2015	18.0	50.0	14.0	18.0
	2019	0	25.0	21.0	54.0
深度贫困地区	2015	40.0	45.0	12.5	2.5
	2019	7.5	27.5	30.0	35.0
民族贫困地区	2015	35.0	43.0	4.0	18.0
	2019	7.0	18.0	29.0	46.0

二、行政村主要扶贫产业类型

从扶贫产业类型来看，农业产业依然是贫困地区行政村层面最主要的扶贫产业。2019 年，90.0%的样本村支柱产业为种植业，54.0%的样本村支柱产业为养殖业，30.0%的样本村支柱产业为农产品加工，22.0%的样本村支柱产业为农家乐及乡村旅游等休闲农业。2015 年，样本村以种植业、养殖业、农产品加工、休闲农业为支柱产业的占比分别为 90.0%、40.0%、12.5%、11.1%。2019 年与 2015 年相比，产业分布的大格局没有发生改变，只是发展养殖业、农产品加工和休闲农业的行政村明显增多（见图 6－1）。

从建档立卡贫困村与非贫困村比较来看，2019 年，行政村支柱产业类型

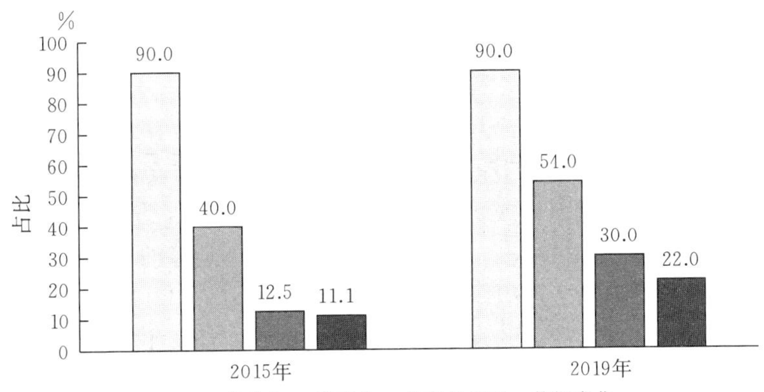

图 6-1　2015 和 2019 年贫困地区行政村支柱产业主要类型

分布基本一致。以种植业、养殖业、农产品加工、休闲农业为行政村支柱产业的贫困村占比分别为 89%、58%、33%、21%，其中发展养殖业、农产品加工的贫困村比非贫困村分别高 4 个、8 个百分点，而发展种植业、休闲农业的贫困村比非贫困村均低 4 个百分点。

分贫困区域看，2019 年，深度贫困地区和一般贫困地区的行政村支柱产业发展类型上分布基本一致。深度贫困地区发展种植业、农产品加工、休闲农业的样本村占比分别为 92%、34%、26%，分别比一般贫困地区高 3 个、5 个、6 个百分点。一般贫困地区发展养殖业的样本村相对较多，为 60%，比深度贫困地区高 10 个百分点。

民族贫困地区与非民族贫困地区相比，二者在发展养殖业、农产品加工上的差距比较大。2019 年民族贫困地区发展种植业、休闲农业的样本村占比分别为 88%、19%，分别比非民族贫困地区低 2 个、4 个百分点，相差不大；但是，民族贫困地区发展农产品加工的样本村比较少，占比为 19%，比非民族贫困地区低 15 个百分点。民族贫困地区发展养殖业的样本村相对较多，占比为 73%，比非民族贫困地区高 22 个百分点（见表 6-2）。

表 6-2　2019 年贫困地区行政村支柱产业分布占比情况

	全样本（%）	贫困村（%）	非贫困村（%）	一般贫困地区（%）	深度贫困地区（%）	民族贫困地区（%）	非民族贫困地区（%）
种植业	90	89	93	89	92	88	90
养殖业	54	58	54	60	50	73	51
农产品加工	30	33	25	29	34	19	34
休闲农业	22	21	25	20	26	19	23

三、新型农业经营主体引领发展情况

乡村产业发展离不开农户与企业、农民专业合作社、集体经济等新型农业经营主体的协作。习近平总书记在2013年中央农村工作会议上指出，要因地制宜研究推广合适的组织方式，积极培育各类经营主体，发展适度规模经营，健全专业化服务体系，把一家一户办不了、办起来不划算的事交给专业化社会化服务组织来办，提升生产组织化和管理现代化水平。以往多年的发展经验已经证明，贫困地区乡村产业的发展尤其需要新型农业经营主体、致富带头人的参与和带动。

（一）新型农业经营主体参与度提高了40个百分点

2015—2019年期间，企业、农民专业合作社等新型农业经营主体参与行政村产业发展的程度持续提高。2019年，贫困地区行政村支柱产业中企业（农民专业合作社）等新型农业经营主体的数量为村均4.1个，是2015年的3倍，2015年村均仅有1.3个。具体而言，2019年，97%的样本村产业发展有企业、农民专业合作社等新型农业经营主体的参与，比2015年提高了40个百分点。2019年，村级支柱产业发展中企业、农民专业合作社等新型农业经营主体的数量在1～3个、3个以上的样本村比重分别为58.0%、39.0%，分别比2015年提高了12个、28个百分点。

从建档立卡贫困村与非贫困村的比较来看，2019年贫困村支柱产业中企业、农民专业合作社等新型农业经营主体的数量为3.9个，是2015年的3倍，比非贫困村略低，少0.8个。具体来看，到2019年，100%的非贫困村的产业均有新型农业经营主体引领发展，仍有3.6%的贫困村产业发展缺乏新型农业经营主体的引领。2019年，贫困村产业发展中新型农业经营主体数量在1～3个、3个以上的样本村比重分别为60.7%、35.7%，非贫困村产业发展中新型农业经营主体数量在3个以上的村比重已经达到50.0%。

分贫困区域看，2019年深度贫困地区村的产业中企业、农民专业合作社等新型农业经营主体的数量为3.8个，是2015年的2.8倍，比一般贫困地区低0.4个。2015—2019期间，深度贫困地区新型农业经营主体参与产业情况比一般贫困地区步伐要慢些，差距仍然存在。具体来看，2019年，深度贫困95.0%的样本村产业发展有新型农业经营主体的参与，比一般贫困地区低4个百分点；深度贫困地区有3个以上新型农业经营主体参与产业发展的样本村比重为35.0%，比一般贫困地区低7个百分点。

民族贫困地区与非民族贫困地区相比，2019年民族贫困地区行政村的产业中有企业、农民专业合作社等新型农业经营主体参与的数量为 6 个，是 2015 年的 2.5 倍，比非民族贫困地区高 2.6 个。民族贫困地区行政村产业发展中企业、农民专业合作社等新型农业经营主体的发展不均衡。2019 年，行政村产业中新型农业经营主体数量超过 3 个的样本村占比为 57.0%，比非民族贫困地区高 24 个百分点；另一方面，仍有 11.0%的民族地区样本村产业发展中缺乏新型农业经营主体的参与，比非民族贫困地区高 7 个百分点（见表 6－3）。

表 6－3　2015 和 2019 年贫困地区新型经营主体参与产业情况占比情况

	全样本（%）	贫困村（%）	非贫困村（%）	深度贫困地区（%）	一般贫困地区（%）	民族贫困地区（%）	非民族贫困地区（%）
2015 年							
0	43.0	44.0	39.0	42.5	44.0	29.0	49.0
1～3 个	46.0	45.0	50.0	45.0	46.0	43.0	46.0
大于 3 个	11.0	11.0	11.0	12.5	10.0	28.0	5.0
2019 年							
0	3.0	3.6	0	5.0	1.0	11.0	4.0
1～3 个	58.0	60.7	50.0	60.0	57.0	32.0	63.0
大于 3 个	39.0	35.7	50.0	35.0	42.0	57.0	33.0

（二）产业带头人数增加了 2 倍多

先富帮后富是产业扶贫的一个基本理念，近年，农业农村部、扶贫部门通过开展现代农业经营、电子商务、农业科技、创业等方面的专业培训，加大了对贫困地区产业扶贫带头人的培育力度，从而更好地带动贫困群众致富。

调查数据表明，贫困地区行政村产业扶贫带头人数量大幅增长。2019 年，贫困村平均拥有产业致富带头人 10.4 人，是 2015 年的 3.5 倍，同期非贫困村的产业带头人从 5.0 人增加到 12.5 人。2019 年，深度贫困地区贫困村均产业带头人 11.8 人，是 2015 年的 3.0 倍；民族贫困地区贫困村均产业带头人 13.9 人，是 2015 年的 2.3 倍（见图 6－2）。

（三）农户产业参与率提高了 21 个百分点

让贫困群众参与产业发展是产业扶贫发挥作用的起点。2015—2019 年期间，贫困地区农户不论是以个体经营或是入股经营等形式，产业经营参与率大

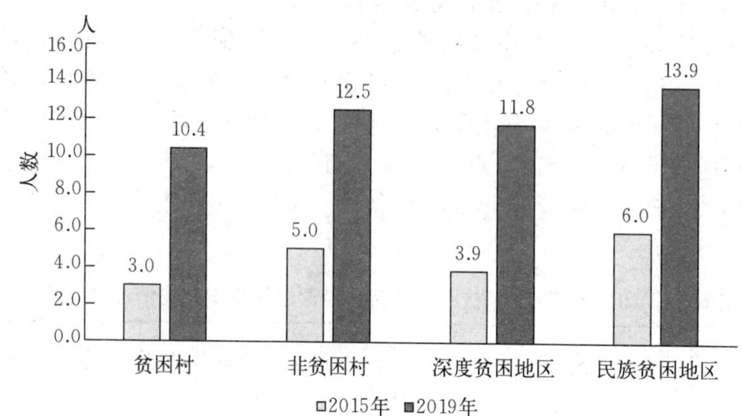

图6-2　2015和2019年贫困地区产业带头人情况

幅度提高。2019年，贫困地区常住户中参与行政村支柱产业经营的农户比重为66%，比2015年提高了21个百分点。其中，2019年参与农户中48%为建档立卡贫困户，比2015年下降了1个百分点。

从建档立卡贫困村与非贫困村的比较来看，2015—2019年期间，产业扶贫对贫困村和非贫困村的农户覆盖面均有提高，而且在贫困村，建档立卡贫困户产业覆盖面一直比非贫困村高。2019年，建档立卡贫困村农户参与产业经营的比重为68%。其中，53%为建档立卡贫困户，分别比非贫困村高8个、21个百分点。

分贫困区域看，一般贫困地区产业扶贫对农户的覆盖面略高于深度贫困地区，而深度贫困地区参与农户中贫困户比重高于一般贫困地区。2019年，深度贫困地区农户参与产业经营的比重为62%。其中，60%为建档立卡贫困户；农户参与比重比一般贫困地区低6个百分点，但贫困户比重比一般贫困地区高18个百分点。2015—2019年期间，深度贫困地区产业扶贫对农户的覆盖面提高了18个百分点，贫困户的占比也提高了2个百分点；同期，一般贫困地区农户参与产业比重提高了22个百分点，但贫困户占比下降了2个百分点。

民族贫困地区与非民族贫困地区相比，2015—2019期间，民族贫困地区产业扶贫对农户的覆盖面从领先于到落后于非民族贫困地区的产业覆盖面。2019年，民族贫困地区农户参与产业经营的比重为63%。其中，42%为建档立卡贫困户；农户参与率和贫困户比重分别比非民族贫困地区低4个、8个百分点。2015—2019年期间，民族贫困地区产业扶贫对农户的覆盖面提高了17个百分点，但贫困户的占比下降了2个百分点；同期，非民族贫困地区农户参与产业比重提高了22个百分点，但贫困户占比下降了1个百分点（见表 6－4）。

表 6－4　2015 和 2019 年贫困地区农户参与产业情况

	2015 年		2019 年	
	农户参与率（%）	贫困户占比（%）	农户参与率（%）	贫困户占比（%）
全样本	45	49	66	48
贫困村	45	54	68	53
非贫困村	43	33	60	32
深度贫困地区	44	58	62	60
一般贫困地区	46	44	68	42
民族贫困地区	46	44	63	42
非民族贫困地区	45	51	67	50

（四）产业带动就业人数翻了一番

贫困地区乡村产业发展也给群众增加了就地就业机会。2015—2019 年期间，贫困地区劳动力在本村支柱产业就业人数及占比均有大幅上升。2019 年，贫困地区行政村支柱产业平均为本村 23%的劳动力（169 人）提供了就业，就业人数比 2015 年翻了一番，劳动力从业率也比 2015 年提高了 14 个百分点。其中，2019 年本村从业劳动力中 45%为贫困劳动力，比 2015 年提高了 6 个百分点。

从建档立卡贫困村与非贫困村的比较来看，2015—2019 年期间，贫困村支柱产业为本村劳动力提供就业的整体情况弱于非贫困村（低 4 个百分点），但是为贫困劳动力提供就业的情况显著高于非贫困村（高 26 个百分点）。2019 年，贫困村支柱产业平均为本村 22%的劳动力（151 人）提供了就业，就业人数是 2015 年的 2.2 倍；劳动力从业率比 2015 年提高了 14 个百分点。其中，2019 年，本村从业劳动力中 54%为贫困劳动力，比 2015 年提高了 7 个百分点。2019 年，非贫困村支柱产业为本村 26%的劳动力提供了就业，比 2015 年提高了 16 个百分点。其中，2019 年，本村从业劳动力中 28%为贫困劳动力，比 2015 年提高了 3 个百分点。

分贫困区域看，2015—2019 年期间，深度贫困地区村支柱产业在为劳动力提供就业上有明显提高，与一般贫困地区的差距明显缩小；而且在为贫困劳动力提供就业上始终高于一般贫困地区，从高出 14 个百分点扩大到 20 个百分点。具体而言，2019 年，深度贫困地区村支柱产业为本村 23%的劳动力提供了就业，比 2015 年提高了 17 个百分点。其中，2019 年本村从业劳动力中60%为贫困劳动力，比2015年提高了10个百分点。2019年，一般贫困地区村支柱产业为本村23%的劳动力提供了就业，比2015年提高了12个百分点。其中，从业劳动力中40%为贫困劳动力，比2015年提高了4个百分点。

民族贫困地区与非民族贫困地区相比，民族贫困地区村支柱产业在为劳动力提供就业上虽有明显提高，但与非民族贫困地区的差距有所扩大，从相差8个百分点扩大到12个百分点。不过，民族贫困地区在为贫困劳动力提供就业上始终高于非民族贫困地区，从高出8个百分点扩大到10个百分点。具体而言，2019年，民族贫困地区村支柱产业为本村14%的劳动力提供了就业，比2015年提高了11个百分点。其中，2019年本村从业劳动力中54%为贫困劳动力，比2015年提高了8个百分点。2019年，非民族贫困地区村支柱产业为本村26%的劳动力提供了就业，比2015年提高了15个百分点。其中，从业劳动力中44%为贫困劳动力，比2015年提高了6个百分点（见表6-5）。

表6-5　2015和2019年贫困地区劳动力产业就业情况

	2015年		2019年	
	从业劳动力占比（%）	贫困劳动力占比（%）	从业劳动力占比（%）	贫困劳动力占比（%）
全样本	9	39	23	45
贫困村	8	47	22	54
非贫困村	10	25	26	28
深度贫困地区	6	50	23	60
一般贫困地区	11	36	23	40
民族贫困地区	3	46	14	54
非民族贫困地区	11	38	26	44

四、村支柱产业发展规模

产业年度产值及销售额是反映产业发展规模的两个重要指标。2015年以来，行政村支柱产业规模呈现大幅提升趋势。2019年，样本村均支柱产业年度总产值为1 061万元，年度总销售额为901万元，均比2015年翻了一番，扣除价格因素，两项数值实际增长了112.2%、105.7%，实际年均增长18%、17%。从产销衔接的程度看，村级支柱产业生产实现销售的程度没有改善。2019 年，样本村平均产销率为 84.92%，比 2015 年下降了 2.68 个百分点。

从建档立卡贫困村与非贫困村比较来看，贫困村产业规模提升速度明显快于非贫困村，而且产销对接程度相对比较稳定。具体而言，2019 年，贫困村支柱产业总产值和总销售额分别为 773 万元、661 万元，两项数值分别比 2015 年增长 150.2%、151.3%，扣除价格因素，实际均增长了 1.4 倍。2019 年，贫困村支柱产业产销率为 85.51%，与 2015 年基本持平；同期，非贫困村支柱产业产销率为 84.35%，比 2015 年下降了 5.21 个百分点。

分贫困区域看，脱贫攻坚战打响以来，国家加大了对深度贫困地区的扶持力度，深度贫困地区村级支柱产业规模提升速度明显快于一般贫困地区及非贫困村。与一般贫困地区相比，产业规模差距逐步缩小。具体而言，2019 年，深度贫困地区村均支柱产业产值为 826 万元，村均销售额为 711 万元，是 2015 年的 2.4 倍、2.3 倍，扣除价格因素，实际上分别提高了 1.2 倍、1.1 倍。从产销衔接程度来看，2019 年，深度贫困地区村级支柱产业产销率为 86.08%，比一般贫困地区略高 1.6 个百分点。

民族贫困地区与非民族贫困地区相比，2015—2019 年期间，二者在产值规模及发展速度上基本相差不大，但是民族贫困地区的产销衔接与非民族贫困地区相比存在一定的差距。具体而言，2019 年，民族贫困地区村均支柱产业产值为 1 107 万元，村均销售额为 882 万元，均比 2015 年翻了一番；从产值及销售额的增长上看，与非民族贫困地区基本相当。但是从产销衔接的程度来看，2019 年，民族贫困地区的产销率为 79.67%，比非民族贫困地区低了 7.04 个百分点（见表 6-6）。

表 6-6　2015 和 2019 年贫困地区村级支柱产业规模

	2015 年			2019 年		
	产值（万元）	销售额（万元）	产销率（%）	产值（万元）	销售额（万元）	产销率（%）
全样本	500	438	87.60	1 061	901	84.92
贫困村	309	263	85.11	773	661	85.51
非贫困村	1 073	961	89.56	1 923	1 622	84.35
深度贫困	344	312	90.70	826	711	86.08
一般贫困	586	508	86.69	1 192	1 007	84.48
民族贫困地区	528	425	80.49	1 107	882	79.67
非民族贫困地区	490	442	90.20	1 046	907	86.71

五、产业品牌建设

2018年，中共中央、国务院印发的《关于打赢脱贫攻坚战三年行动的指导意见》中提出要“积极培育和推广有市场、有品牌、有效益的特色产品”。品牌建设和商标注册是提高产品竞争力、推动产业提质增效的重要抓手。产业要发展，品牌要先行。此次调查统计结果显示，贫困地区乡村产业品牌建设虽已起步，但产业品牌化发展依然任重道远。

从行政村支柱产业品牌商标数量上看，贫困地区产业品牌创建取得了明显的成绩。2019年，样本村平均拥有品牌数量为1.6个，是2015年的4倍，2015年仅为0.4个。具体来说，2015年，78.0%样本村的产业没有形成品牌或商标。到2019年，只有41.1%的样本村产业没有品牌或商标。2019年，有1～3个、3个以上品牌或商标的样本村占比分别为50.0%、8.9%，分别比2015年高28.9个、8.0个百分点。

从建档立卡贫困村与非贫困村的比较来看，非贫困村的品牌建设情况整体要优于贫困村，但是2015—2019年期间，贫困村品牌建设力度明显加大，与非贫困村差距逐步缩小。2019年，贫困村村均产业拥有品牌数量为1.5个，比非贫困村低0.2个，是2015年的5倍。2019年，贫困村产业没有品牌或商标的行政村占比为41.7%，比2015年下降了39.8个百分点，与非贫困村的差距从落后13.6个百分点缩小到落后2.4个百分点。贫困村产业有1～3个、3个以上品牌的行政村占比分别为51.2%、7.1%，分别比2015年提高了33.9个、5.9个百分点。非贫困村有3个以上品牌的样本村占比为14.3%，高于贫困村。

分贫困区域看，深度贫困地区行政村产业品牌建设情况与一般贫困地区仍然存在一定的差距。2019年，深度贫困地区样本村，支柱产业拥有品牌数量村均为1.4个，比一般贫困地区少0.3个。2019年，深度贫困地区村支柱产业尚没有品牌商标的样本村比重为42.5%，比2015年减少了37.5个百分点，但比一般贫困地区高2.2个百分点。不过，深度贫困地区也有部分行政村产业品牌建设成绩突出，有10.0%的样本村支柱产业的品牌商标数量在3个以上，比一般贫困地区高1.7个百分点。

民族贫困地区与非民族贫困地区相比，2015—2019年期间，民族贫困地区在行政村产业品牌建设上明显落后于非民族贫困地区。2019年，民族贫困地区有1～3个、3个以上品牌的样本村占比分别为43.0%、7.0%，两项数据虽然比2015年相比分别提高了22.0个、7.0个百分点，但仍比非民族贫困地区低9.0个、3.0个百分点。同时，民族贫困地区仍有50.0%的样本村产业没有形成品牌，比非民族贫困地区高12.0个百分点。2019年，民族贫困地区行政村村均形成了1.4个品牌，是2015年的4.2倍，非民族贫困地区行政村村均形成了1.6个品牌，是2015年的4.6倍（见表6-7）。

表6-7 2015和2019年贫困地区行政村产业品牌建设情况

	2015年			2019年		
	0个（%）	1~3个（%）	大于3个（%）	0个（%）	1~3个（%）	大于3个（%）
全样本	78.0	21.1	0.9	41.1	50.0	8.9
贫困村	81.5	17.3	1.2	41.7	51.2	7.1
非贫困村	67.9	32.1	0.0	39.3	46.4	14.3
深度贫困地区	80.0	20.0	0.0	42.5	47.5	10.0
一般贫困地区	76.8	21.7	1.5	40.3	51.4	8.3
民族贫困地区	79.0	21.0	0	50.0	43.0	7.0
非民族贫困地区	79.0	20.0	1.0	38.0	52.0	10.0

六、产业扶贫对村集体经济的贡献率

随着脱贫攻坚战的深入，产业扶贫政策的贯彻落实，贫困乡村积极盘活集体的资源、资产积极参与产业发展，村庄集体经济收入不断提高。产业发展对行政村集体经济收入的贡献主要有两项：一项是集体产业的经营性收入，另一项是集体资产入股产业获得分红、集体资产出租获得的租金等财产性收入。

2015—2019年期间，产业相关收入对贫困地区行政村集体经济收入的贡献率提高了9.5个百分点，对这一阶段村集体经济收入增长的贡献率为29%。具体而言，2019年贫困地区行政村集体经济收入村均为53.9万元。其中，参与产业发展获得收入15.2万元，占比28.2%。其中，包括集体产业经营性收入11.9%、集体参与产业财产性收入16.3%。2015年，贫困地区村集体经济收入为6.7万元。其中，参与产业相关收入1.3万元，占比18.7%，产业经营性收入、产业财产性收入分别占3.9%、14.8%。

从建档立卡贫困村与非贫困村的比较来看，2019年，贫困村集体产业相关收入为17.2万元，非贫困村集体产业相关收入为9.2万元。2015—2019年期间，产业收入在村集体经济收入中的作用均有明显提升，而且贫困村提高的幅度较非贫困村大（3.8个百分点）。贫困村集体经济收入中产业相关收入占比从2015年的20.1%提高到2019年的29.6%，提高了9.5个百分点；同期，非贫困村集体净收入中产业相关收入占比从 16.6%提高到 22.3%，提高了 5.7 个百分点。2015 年，产业收入在贫困村集体收入中的比重为 20.1%，比非贫困村高了 3.5 个百分点；到 2019 年，产业相关收入在贫困村集体经济收入中的比重为 29.6%，比非贫困村高 7.3 个百分点。

分贫困区域看，2015—2019 年期间，2019 年，深度贫困地区村集体产业相关收入为 18.1 万元，一般贫困地区村集体产业相关收入为 13.7 万元。2015—2019 年期间，产业收入在村集体经济收入中的作用均有提高，而且一般贫困地区提高的幅度较深度贫困地区大（22.4 个百分点）。深度贫困地区行政村集体经济中产业相关收入占比从 2015 年的 17.5%提高到 2019 年的 18.8%，提高了 1.3 个百分点；同期，一般贫困地区行政村集体经济中产业相关收入占比从 2015 年的 19.5%提高到 2019 年的 43.2%，提高了 23.7 个百分点。2019 年，一般贫困地区行政村集体收入中产业相关收入比重为 43.2%，比深度贫困地区高 24.4 个百分点，2015 年二者仅相差 2 个百分点。

民族贫困地区与非民族贫困地区相比，民族贫困地区在 2015—2019 年期间集体产业增收步伐加大，后来居上。2019 年，民族贫困地区村集体产业相关收入为 18.4 万元，占行政村集体收入比重为 43.4%；非民族贫困地区村集体产业相关收入为 14.1 万元，占村集体经济收入比重 24.5%。2015—2019 年期间，民族贫困地区产业收入比重从比非民族地区低 4.5 个百分点，实现反超后者 18.9 个百分点。即民族贫困地区行政村集体经济中产业相关收入占比从 2015 年的 15.9%提高到 2019 年的 43.4%，提高了 27.5 个百分点；非民族贫困地区行政村集体经济中产业相关收入占比从 2015 年的 20.4%提高到 2019 年的 24.5%，提高了 4.1 个百分点（见表 6-8）。

表 6-8　2015 和 2019 年贫困地区行政村集体产业收入情况

	2015 年		2019 年	
	6.7 万元		53.9 万元	
	经营收入占比（%）	财产性收入占比（%）	经营收入占比（%）	财产性收入占比（%）
全样本	3.9	14.8	11.9	16.3
贫困村	6.3	13.8	13.0	16.6
非贫困村	0	16.6	7.2	15.1
深度贫困地区	5.7	11.8	5.4	13.4
一般贫困地区	3.1	16.4	22.3	20.9
民族贫困地区	4.7	11.2	22.9	20.5
非民族贫困地区	3.4	17.0	9.2	15.3

七、行政村产业发展预期

对于本村已经形成的支柱产业，大部分村对产业未来发展形势看好。具体而言，对未来5年本村支柱产业持稳定成长预期的贫困村占比为89%，预期产业发展将维持现状的贫困村占比为10%，也有4%的贫困村对产业发展前景不太确定。96%的非贫困村预计本村产业将实现稳定成长，比贫困村高7个百分点。深度贫困地区贫困村对产业未来发展预期略低于样本贫困村平均情况，预计稳定成长贫困村占比为88%，维持现状、前景不确定的贫困村占比分别为8%、6%。民族贫困地区对产业发展未来预期较好，90%的民族贫困地区贫困村预计未来5年产业将有稳定成长（见图6-3）。

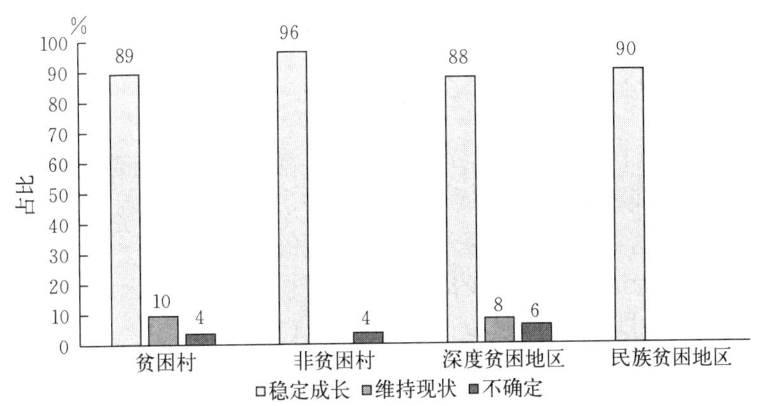

图6-3　贫困地区行政村产业发展预期

对于今后如何推动村支柱产业发展、稳定带动农户增收，贫困地区的村干部都有一定的思路。此次调查结果显示，提高质量打造品牌、开拓销售渠道、扩大产业规模是大部分村干部的普遍想法。具体而言，关于未来产业发展打算，87%的贫困村表示要通过提高产品质量，打造品牌来推进，75%的贫困村表示要通过开拓销售渠道、发展电商来推进，44%的贫困村表示要通过扩大产业规模来推进。另外，36%的贫困村认为需要延长产业链条，29%的贫困村认为仍然需要企业、农民专业合作社等新型农业经营主体带动普通农户一起发展产业。20%的贫困村认为仍需要增加投资改善基础设施。

对于未来产业发展的打算，有更多的非贫困村表示要提高质量打品牌，占比93%，比贫困村高6个百分点；有扩大产业发展规模想法的非贫困村占比50%，比贫困村高6个百分点。这说明，非贫困村在品牌建设、产业规模扩张方面有更高的需求。在延长产业链条、主体带动发展、改善基础设施等方面，非贫困村的想法基本与贫困村相似（见图 6-4）。

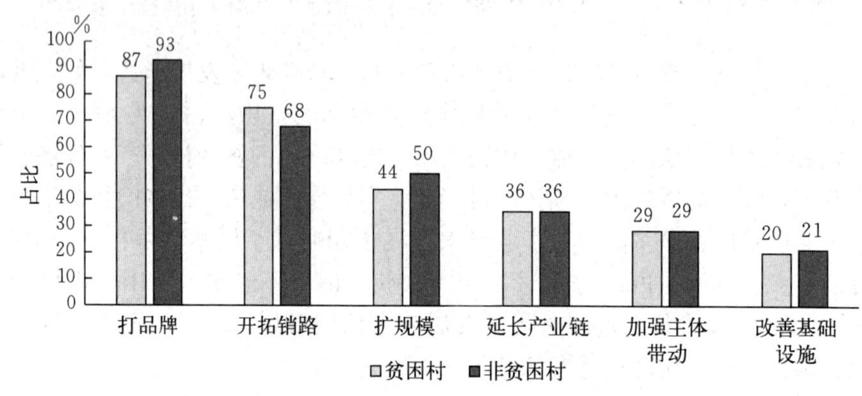

图 6-4 贫困地区产业发展思路

八、小结

对 7 省 28 县 112 个行政村 2015—2019 年期间的抽样调查统计结果表明，得益于多年来产业扶贫的政策扶持和资金投入，贫困地区乡村产业发展方兴未艾，成效显著。这其中既有量的突破，也有质的飞跃。

2019 年，贫困地区 95.5%的样本村（含贫困村和非贫困村）已经形成稳定的支柱产业，村均支柱产业 2.4 个，比 2015 年多了 1.4 个。2019 年，产业收入在村集体经济收入中占比为 28.2%，比 2015 年提高了 9.5 个百分点。农业产业是贫困地区行政村层面发展的主打产业，以种植业、养殖业、农产品加工业为支柱产业的样本村占比分别为 90.0%、54.0%、30.0%。

经过这些年的发展，贫困地区乡村逐渐培育出了一批新型农业经营主体和产业带头人，他们带领着更多的贫困群众参与产业发展，分享产业发展收益。从发展主体上看，2019 年，97.3%的样本村产业发展有企业、农民专业合作社等新型农业经营主体引领发展，村均新型农业经营主体的数量为 4.1 个，是 2015 年的 3.15 倍。从产业带头人数上看，2019 年，贫困村平均有产业扶贫带头人 10.4 个，是 2015 年的 3.5 倍。从农户参与产业发展情况看，2019 年，参与村支柱产业经营的农户占本村常住户比重为 66%，比 2015 年提高了 21 个百分点。其中，参与农户中 48%为建档立卡贫困户。从带动就业上看，2019 年，贫困地区行政村支柱产业平均为本村 23%的劳动力（169 人）提供了就业，就业劳动力中 45%为贫困劳动力。相比 2015 年，就业人数翻了一番，劳动力从业率提高了 14 个百分点，贫困劳动力占比提高了 6 个百分点。从产销规模上看，2019 年，样本村均支柱产业年度总产值为 1 061 万元，年度总销售额为 901 万元，扣除价格因素，分别比 2015 年实际增长了 112.2%、105.7%。2015—2019 年期间，贫困村产业规模提升速度明显快于非贫困村，而且产销对接程度相对比较稳定。从品牌建设上看，2019 年，样本村平均拥有品牌数量为 1.6 个，虽然仍有 41.7%的贫困村产业没有品牌或商标，但比 2015 年下降了 39.8 个百分点（见表 6-9）。

表 6-9　2015 和 2019 年贫困地区行政村产业发展情况

指标名称	贫困村		非贫困村	
	2015 年	2019 年	2015 年	2019 年
支柱产业数量（个）	0.9	2.3	1.3	2.6
新型经营主体数量（个）	1.3	3.9	1.4	4.7
本村农户参与产业经营的比重（%）	45.4	67.6	43.4	60.2
其中：贫困户比重（%）	54.4	53.5	33.3	32.0
本村劳动力就业比重（%）	8.3	22.1	10.4	25.6
其中：贫困劳动力比重（%）	46.7	53.9	24.6	28.1
年度产值（万元）	309.0	773.0	1 073.0	1 923.0
年度销售额（万元）	263.0	661.0	961.0	1 622.0
商标及品牌数量（个）	0.3	1.5	0.4	1.7
村集体经济收入（万元）	5.5	58.0	10.3	41.2
产业收入占村集体经济收入比重（%）	20.1	29.6	16.6	22.3

第七章

产业扶贫对农户的贡献率

产业扶贫将产业发展与精准扶贫有机结合起来，对贫困户中有劳动能力、有发展意愿的，通过因地制宜扶持其发展特色产业，实现就地脱贫。发展产业带来贫困户相关收入的增加，是产业扶贫贡献在农户层面最直观的体现。

一、产业扶贫带动农户增收成果

产业扶贫的目的是推进产业带动脱贫，帮助贫困群众提升技能，拓宽增收渠道，实现增收。此次调查结果表明，产业扶贫贡献了建档立卡贫困户2019年人均可支配收入的37%，贡献了2015—2019年期间47.6%的收入增长。具体分析如下。

（一）贫困地区农民收入增长情况

2019年，全国农村居民人均可支配收入16 021元，扣除价格因素，比2015年实际增长29%，年均实际增速为6.6%。2019年，全国贫困地区农村居民人均可支配收入为11 567元，扣除价格因素，比2015年实际增长47%，年均实际增速为8.6%。2015—2019年期间，贫困地区农村居民收入实际增速始终高于全国农村居民的收入增速2个百分点，贫困地区农村居民收入与全国农村差距持续缩小（见表7-1）。

表7-1　2015—2019年贫困地区与全国农村居民收入及增速

	2015年	2016年	2017年	2018年	2019年
全国农民人均可支配收入增速（%）	7.5	6.2	7.3	6.6	6.2
贫困地区农民人均可支配收入增速（%）	10.3	8.4	9.5	8.3	8.1
全国农民人均可支配收入（元）	11 422	12 363	13 432	14 617	16 021
贫困地区农民人均可支配收入（元）	7 653	8 452	9 377	10 371	11 567

数据来源：相关年度《中国农村贫困监测报告》。

根据此次抽样调查统计结果，2019年样本贫困地区农民人均可支配收入为 12 365 元，扣除价格因素，比 2015 年实际增长 89.3%，年均实际增速为 17.3%。其中，2019 年建档立卡贫困户人均可支配收入为 10 539 元，比 2015 年，名义增长 167.8%，扣除价格因素，实际增长 146.3%，年均实际增速为 25.3%，显著高于同期全国贫困地区农民收入增速（见图 7-1）。

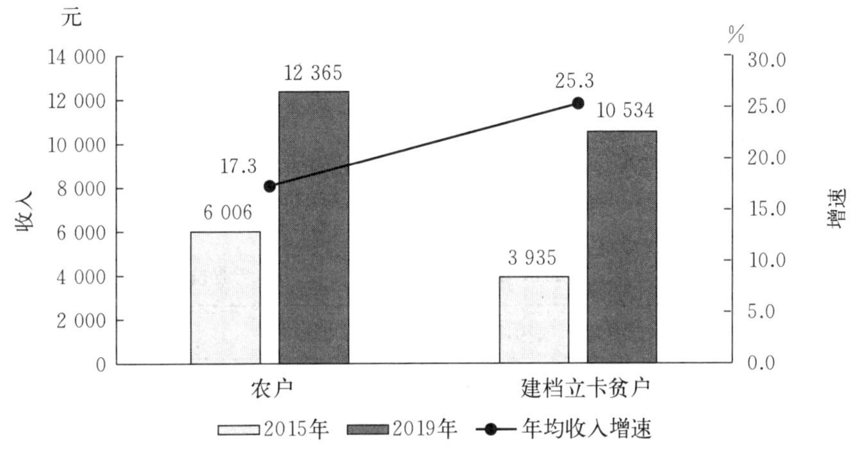

图 7-1　2015 和 2019 年样本地区贫困户与农户收入

（二）产业扶贫对 2019 年贫困户收入的贡献率

2019 年，抽样建档立卡贫困户人均可支配收入为 10 534 元，产业扶贫为贫困户贡献的收入为 3 862 元，占比 36.7%；2015 年，建档立卡贫困户人均可支配收入为 3 935 元，产业扶贫贡献的收入为 816 元，占比为 21%。2015 年—2019 年期间，产业扶贫对在贫困户人均可支配收入中的贡献率显著提高，提高了 16 个百分点（见图 7-2）。

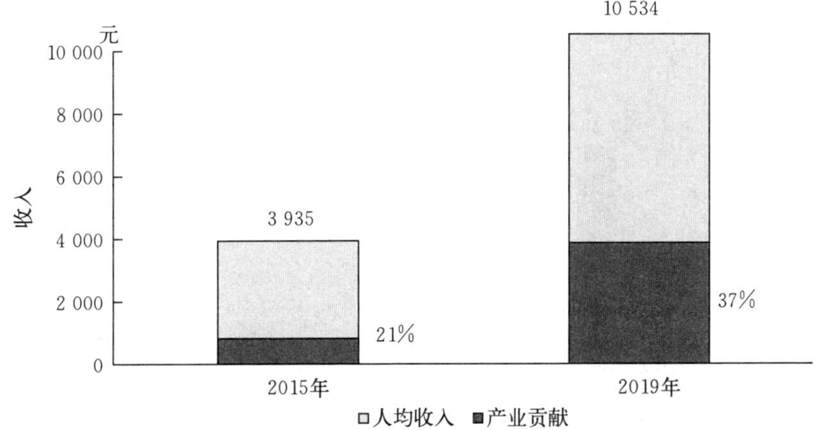

图 7-2　2015 和 2019 年建档立卡贫困户收入及产业贡献情况

（三）产业扶贫对经营净收入的贡献

从各项收入的绝对数量上看，2019 年，产业扶贫对建档立卡贫困户人均可支配收入的贡献由高到低分别是经营净收入、工资性收入、财产净收入和转移净收入。具体而言，建档立卡贫困户人均经营净收入为 3 709 元，其中，产业贡献收入为 2 339 元，贡献率为 63%；其次，人均工资性收入 5 344 元，其中产业贡献收入为 1 129 元，贡献率为 21%；第三，人均财产净收入为 303 元，其中产业扶贫贡献 248 元，贡献率为 82%；第四，人均转移净收入 1 183 元，其中产业扶贫贡献 146 元，贡献率为 12%（见表 7－2）。

表 7－2　2015 和 2019 年建档立卡贫困户收入及产业扶贫贡献

	2015 年			2019 年		
	人均收入（元）	产业贡献（元）	贡献率（%）	人均收入（元）	产业贡献（元）	贡献率（%）
工资性收入	2 022	136	7	5 344	1 129	21
经营净收入	1 362	606	44	3 709	2 339	63
财产净收入	28	10	36	303	248	82
转移净收入	523	62	12	1 183	146	12
人均可支配收入	3 935	816	21	10 534	3 862	37

从各项收入的绝对数量上看，与 2015 年相比，2019 年产业扶贫对各项收入的贡献排序基本格局变化不大，产业扶贫对经营净收入和工资净收入的贡献依然排在第一、第二位，只是对财产净收入的贡献超过了对转移净收入的贡献（见图 7－3）。

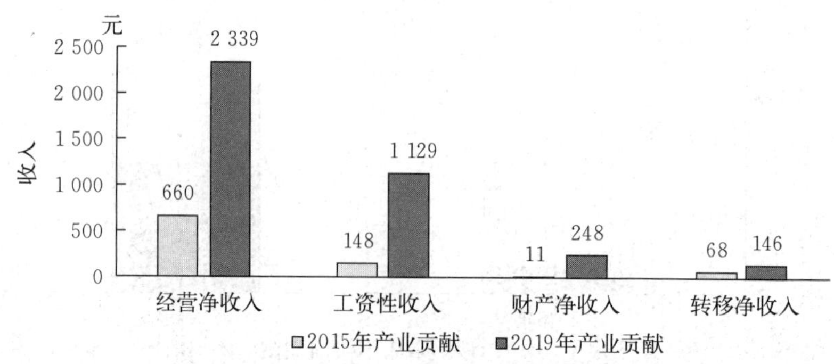

图 7－3　2015 和 2019 年产业扶贫的收入贡献排序

（四）产业扶贫对 2015—2019 年间贫困户增收贡献率

如表 7－2 所示，2015—2019 年期间，抽样建档立卡贫困户人均可支配收入从 3 935 元增加到 10 534 元，增长了 6 599 元，其中产业贡献的收入从 816 元增加到 3 862 元，增加了 3 046 元，即产业扶贫贡献了这一时期 37%的收入增长。换成 2019 年可比价格，2015 年贫困户人均可支配收入为 3 935 元，产业贡献收入为 816 元，对比 2019 年，人均可支配收入实际增长了 6 599 元，产业贡献收入实际增长了 3 146 元，因此，扣除价格因素，产业扶贫对 2015—2019 年期间贫困户增收的实际贡献率为 47.6%。

（五）产业扶贫增收主要来自经营收入和工资收入

2015—2019 年期间，抽样建档立卡贫困户人均可支配收入实际增长了 146.1%。从各项收入对收入增长的贡献率看，人均工资性收入对贫困户 2015—2019 年间增收的贡献率最高，为 50.3%；其次，人均经营净收入对 2015—2019 年间增收的贡献率为 35.6%；人均转移净收入和人均财产净收入对 2015—2019 年间贫困户增收的贡献率分别为 9.8%、4.4%（见表 7－3）。

表 7－3　2015—2019 年期间贫困户增收及产业扶贫贡献率

指标名称	各项增收（元）	各项收入贡献率（%）	其中：产业增收（元）	产业增收贡献率（%）
工资性收入（元）	3 144	50.3	981	33.0
经营净收入（元）	2 228	35.6	1 680	56.5
财产净收入（元）	273	4.4	237	8.0
转移净收入（元）	615	9.8	78	2.6
人均收入（元）	6 254	—	2 975	47.6

注：表中各项收入均已调整为 2019 年不变价格。

从产业扶贫增收贡献在各项收入上的分布看，2015—2019 年期间经营收入和工资收入是产业扶贫促进贫困户增收的主要途径。产业扶贫对贫困户 2015—2019 年间增收贡献为 2 975 元（2019 年不变价），其中，产业扶贫带来的人均经营净收入增长为 1 680 元，贡献率最高，为 56.5%；其次是产业扶贫带来的人均工资性收入增长，增长了 981 元，增收贡献率为 33.0%；产业扶贫带来的人均财产净收入、人均转移净收入对增收的贡献率分别为 8.0%、2.6%（见图 7－4）。

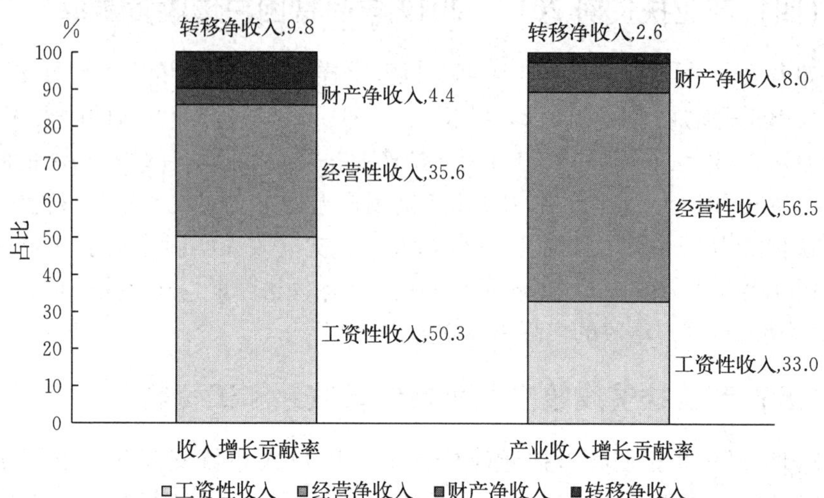

图 7-4　2015—2019 年贫困户各项收入及产业增收贡献率

（六）产业扶贫对非贫困户的贡献率

产业扶贫不仅对建档立卡贫困户的增收效果显著，也同样惠及了贫困地区的非贫困农户，而且非贫困户获益程度不比贫困户低。2019 年，调研贫困地区的非贫困户人均可支配收入为 13 221 元，其中，2019 年产业扶贫贡献收入 4 407 元，对当年收入的贡献率为 33.3%，比同年贫困户产业增收贡献率低 4 个百分点。

2019 年非贫困户人均可支配收入，扣除价格因素，比 2015 年实际增长 74.3%，年均实际增速为 14.9%。换成 2019 年可比价格，2015—2019 年间，人均可支配收入实际增长了 5 636 元，产业贡献收入实际增长了 2 950 元，产业增收实际贡献率为 52.3%，比同期产业扶贫对贫困户的贡献率高 4.7 个百分点。

从产业扶贫增收贡献在各项收入上的分布看，在产业扶贫对非贫困户 2015—2019 年间增收贡献中，排在第一位的同样是人均经营性净收入，贡献率为 63%；其次是工资性收入，贡献率为 32%；财产净收入、转移净收入的贡献率分别为 3%、2%。与建档立卡贫困户相比，产业扶贫对两类农户在经营净收入和财产净收入上贡献率差异明显。具体而言，产业扶贫对非贫困户的经营净收入贡献率更高，比对贫困户的贡献率高 7 个百分点；同时产业扶贫对非贫困户的财产净收入贡献率低于对贫困户的贡献率，低 5 个百分点（见表 7-4）。

表 7-4　2015—2019 年产业扶贫对农户增收的贡献率占比

	贫困户	非贫困户
人均工资性收入占比（%）	33	32
人均经营净收入占比（%）	56	63
人均财产净收入占比（%）	8	3
人均转移净收入占比（%）	3	2

（七）产业扶贫贡献率区域间差异

从不同贫困区域看，区域间整体差异不大。2019 年，深度贫困地区产业扶贫收入为 3 659 元，对贫困户人均可支配收入的贡献率为 35%，比贫困地区平均贡献率低 2 个百分点；民族贫困地区产业扶贫收入为 3 813 元，贡献率为 38%，略高于贫困地区平均水平 1 个百分点。

2019 年，从产业扶贫对各项收入贡献的绝对数量上看，均是对经营性收入的贡献最高，在 2 000 元左右。其次，是对工资性收入的贡献，在 1 200 元左右。从产业扶贫对各部分收入的贡献率看，不同地区略有差异。2019 年，产业扶贫对工资性收入、转移性收入两项收入的贡献率，深度贫困地区、民族贫困地区均高于贫困地区平均水平。其中，民族贫困地区工资性收入贡献率分别比贫困地区、深度贫困地区平均水平高 5 个、4 个百分点，转移性收入贡献率分别比贫困地区、深度贫困地区平均水平高 5 个百分点、低 2 个百分点。在产业扶贫对经营性收入贡献率上，深度贫困地区、民族贫困地区均低于贫困地区平均水平，分别低 4 个百分点、3 个百分点（见图 7-5）。

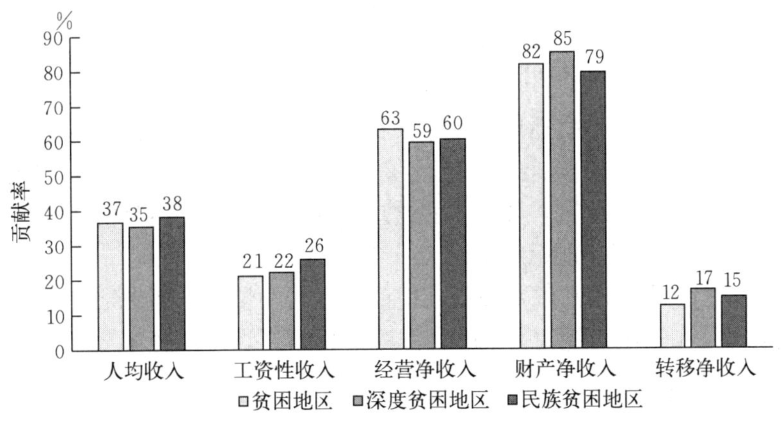

图 7-5　2019 年不同地区产业扶贫对贫困户增收贡献率

二、产业帮扶覆盖面情况

为了推动贫困群众因地制宜发展特色产业致富，各地围绕群众在产业发展中遇到的困难和制约因素，精准施策，针对性地提供帮扶和解决方案。调研结果显示，资金、技术、市场等方面的短缺和不足是贫困地区产业发展面临的普遍问题，也是国家和政府采用较多的帮扶措施。

调研结果显示，2019 年，产业帮扶措施对建档立卡贫困户的总覆盖率为 98%①，对非建档立卡贫困户的覆盖率为 88%。其中，从各个单项产业帮扶措施来看，产业相关的技术帮扶、项目与资金帮扶、物资帮扶、小额信贷帮扶、销售帮扶是贫困地区覆盖面比较广的产业帮扶措施，上述产业帮扶措施对建档立卡贫困户的单项覆盖率分别是 89%、71%、70%、44%、29%，对一般农户的单项覆盖率分别是 79%、47%、36%、6%、27%。可以明显看出，各地对贫困户的产业帮扶覆盖面比较高，尤其是在项目资金、生产物资、小额信贷等方面帮扶覆盖远高于对一般农户的帮扶覆盖。深度贫困地区、民族贫困地区农户获得各类产业帮扶的情况大体相似（见表 7－5）。

表 7－5　2019 年各类产业帮扶措施对农户的覆盖率

	贫困户（%）	贫困户脱贫后（%）	非贫困户（%）
技术帮扶	89	88	79
项目资金帮扶	71	61	47
生产物资帮扶	70	70	36
小额信贷帮扶	44	31	6
销售帮扶	29	34	27
产业帮扶总覆盖率*	98	97	88

注：* 产业帮扶总覆盖率指获得任意一项及以上产业帮扶措施的农户占比。

为了防止贫困户脱贫后返贫，中央提出摘帽不摘责任、摘帽不摘政策、摘帽不摘帮扶、摘帽不摘监管的要求。习近平总书记在 2020 年 3 月“决战决胜脱贫攻坚座谈会上”强调，要保持脱贫攻坚政策稳定，严格落实“四不摘”的要求，主要政策措施不能急刹车。

比较建档立卡贫困户脱贫前后获得的产业帮扶情况，调查结果显示，产业帮扶对建档立卡贫困户脱贫之后的总覆盖率为 97%，仅比脱贫之前减少了 1 个百分点。从各项产业帮扶措施的单项覆盖情况看，技术帮扶、生产物资帮扶对贫

① 农户只要获得任意一类产业帮扶措施即视为被产业帮扶措施覆盖。

困户覆盖面在脱贫前后基本保持稳定，而且销售帮扶对脱贫后贫困户的覆盖面比脱贫前还提高了5个百分点。但是，项目资金帮扶、小额信贷帮扶对贫困户脱贫后的覆盖面比脱贫前有所下降，分别下降了10个、13个百分点。这可能与产业帮扶的性质有关，贫困户在产业发展的初期，往往是通过参与产业扶贫项目，在发展产业初期可能更需要项目启动资金，因此对产业项目、资金方面的帮扶需求相对较高。

分贫困区域看脱贫前后贫困户获得帮扶措施的情况，与贫困地区整体相比，深度贫困地区对贫困户脱贫后的产业帮扶措施整体覆盖面不降反升，民族贫困地区对贫困户脱贫后的产业帮扶措施整体覆盖面有所缩小。具体而言，深度贫困地区对贫困户脱贫后在技术帮扶、项目资金、物资帮扶、销售帮扶的覆盖面均有提高，分别为6个、6个、2个、10个百分点，仅是小额信贷帮扶覆盖面缩小了8个百分点。民族贫困地区对贫困户脱贫后在技术帮扶、销售帮扶方面的覆盖面加大，分别提高了2个、5个百分点；而对贫困户摘帽后在生产物资帮扶、项目资金、小额信贷方面的帮扶覆盖面明显缩小，分别缩小了16个、7个、17个百分点（见图7-6、图7-7）。

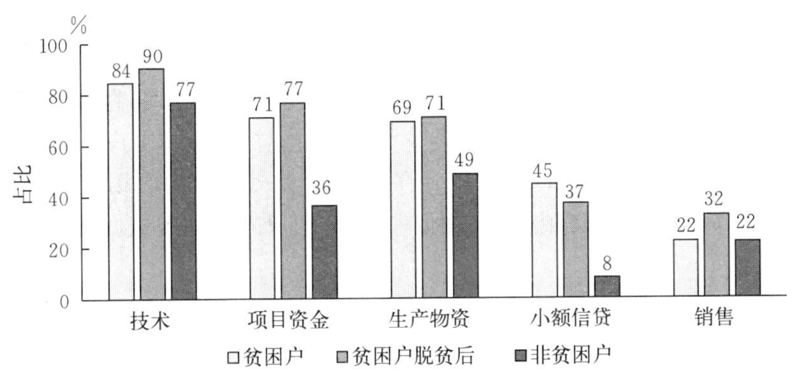

图7-6　2019年深度贫困地区农户获得产业帮扶情况

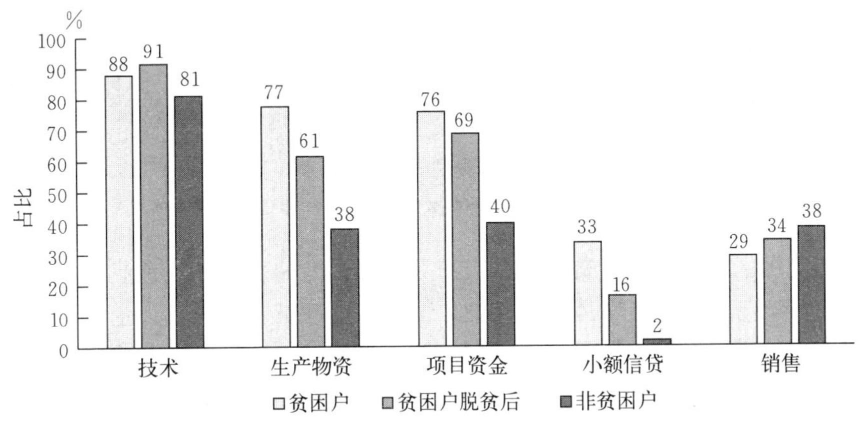

图7-7　2019年民族贫困地区农户获得产业帮扶情况

三、产业扶贫连贫带贫情况

培育和扶持新型农业经营主体，让其联结和带动贫困人口发展特色产业，是产业扶贫取得成效的关键环节。《中国农村扶贫开发纲要（2011—2020年）》提出，要通过扶贫龙头企业、农民专业合作社和互助资金组织，带动和帮助贫困农户发展生产。《关于打赢脱贫攻坚战的决定》提出，要加强贫困地区农民专业合作社和龙头企业的培育，发挥其对贫困人口的组织和带动作用。2017年，中共中央、国务院办公厅印发的《关于加快构建政策体系培育新型农业经营主体的意见》也提出，要加快培育新型农业经营主体，综合运用多种政策工具，与农业产业政策结合，形成比较完备的政策扶持体系，引导新型农业经营主体提升规模经营水平、完善利益分享机制，起到更好地带动农民进入市场、增加收入、建设现代农业的引领作用。

（一）农民专业合作社是首要带贫主体

调查结果显示，农民专业合作社、龙头企业、一般企业是产业扶贫的主要带贫主体，建档立卡贫困户获得上述主体带动的占比分别为82%、44%、15%；尤其是农民专业合作社、各类龙头企业对建档立卡贫困户的带动面明显高于非贫困户，分别高出17个、25个百分点。此外，家庭农场及专业大户也是重要的带贫力量，对建档立卡贫困户、非贫困户的带动覆盖面分别为12%、14%（见图7-8）。

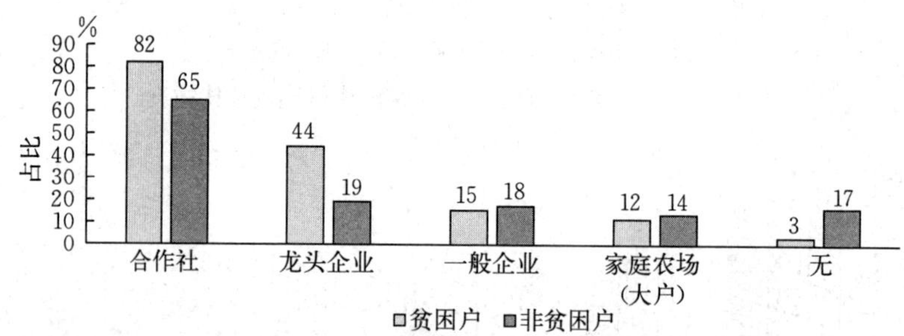

图7-8　2019年贫困地区农户获得扶贫主体带动情况

分贫困区域看，深度贫困地区农户获得农民专业合作社、企业等各类主体带动的情况与贫困地区整体水平相似，但是在民族贫困地区龙头企业、家庭农场对农户的带动覆盖面明显高于其他地区。民族贫困地区农民专业合作社对贫困户的带动覆盖面为77%，低于贫困地区平均水平4个百分点，但是龙头企业、家庭农场（含大户）对贫困户的带动面分别为55%、19%，分别比贫困地区平均水平高12个、9个百分点（见表7-6）。

表7-6　2019年不同贫困地区农户获得扶贫主体带动情况

带动主体	深度贫困地区		民族贫困地区	
	贫困户	非贫困户	贫困户	非贫困户
合作社占比（%）	81	65	77	48
龙头企业占比（%）	43	17	55	16
一般企业占比（%）	16	14	13	24
家庭农场（大户）占比（%）	10	14	19	19
没有占比（%）	6	19	4	16

（二）股份合作是首要带贫方式

党的十八大以来，各地积极创新产业扶贫的利益联结机制，发挥各自比较优势，探索与贫困户建立稳定的带动关系，带动贫困户在特色产业发展中致富增收。

从各类带贫主体与农户联结的方式看，新型农业经营主体与贫困户开展股份合作，贫困户获取资产收益是产业扶贫的一种重要实现形式。调研结果显示，以资金或土地等生产资料入股是贫困地区产业扶贫最主要的带动方式，获此形式带动的建档立卡贫困户占比为61%。其次，劳务就业和订单生产分别是新型农业经营主体带动建档立卡贫困户第二、第三重要的方式，获得带动的建档立卡贫困户占比分别为45%、37%。此外，为了解决农户在发展产业中面临的自身经营能力弱或者缺乏劳动力的现实困境，托管代养等服务联结也成为企业、合作社等带动农户增收的新型方式，20%的建档立卡贫困户获得服务型带动。

非贫困户与带贫主体联结的主要方式基本一致，但是覆盖面不一样。对非贫困户而言，最主要的三种带动方式依次是订单生产、劳务就业、入股，获得上述三种形式带动的非贫困户占比分别为42%、32%、29%。此外，与带贫主体形成服务联结的非贫困户占比为20%（见图7-9）。

分贫困区域看，深度贫困地区和民族地区的贫困户与带贫主体的联结方式与贫困地区整体相似，入股、就业和订单是最主要联结方式。略有不同的是，民族贫困地区就业带动贫困户面略低，带动贫困户比重比贫困地区整体低4个百分点。相反，订单联结贫困户面较高，带动贫困户比重比贫困地区整体高4个百分点。对非贫困户而言，不论在哪类贫困地区，订单联结都是首要的带贫方式（见表7-7）。

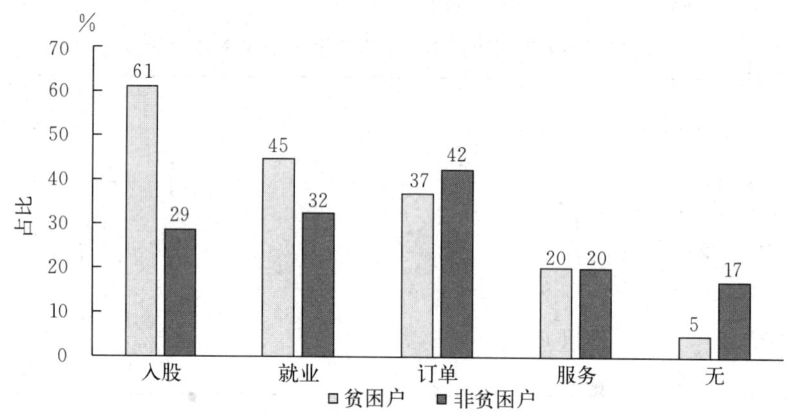

图 7-9　2019 年贫困地区产业扶贫主要带动方式

表 7-7　2019 年不同贫困地区产业扶贫主要带动方式占比

带动方式	深度贫困地区		民族贫困地区	
	贫困户	非贫困户	贫困户	非贫困户
入股占比（%）	61	33	58	28
就业占比（%）	41	30	37	31
订单占比（%）	39	38	43	45
服务占比（%）	21	22	19	21
没有占比（%）	7	17	4	14

四、扶贫产业发展组织化情况

农民专业合作社是推动产业扶贫的重要组织力量，是联结贫困户和产业发展的有效桥梁纽带，因此加入合作社、抱团发展是很多贫困地区农民脱贫致富的一个重要途径，也是推进产业扶贫工作的一个重要抓手。

2019 年，贫困地区 71.6%的农户加入了农民专业合作社，比 2015 年提高了 48.9 个百分点。其中，2019 年，建档立卡贫困户的入社率为 85.7%，比非贫困户高 20 个百分点。2015 年，建档立卡贫困户、非贫困户的入社率分别为 20.2%、23.9%，建档立卡贫困户略低 3.7 个百分点。2015—2019 年期间，贫困户入社率大幅度提高，上升幅度比非贫困户的高出了 152.3 个百分点。反映出脱贫攻坚战打响以来，贫困地区在鼓励贫困户加入各类农民专业合作社，提升扶贫产业发展的组织化程度上卓有成效。

分贫困区域看，2019 年，深度贫困地区农户入社率为 74.0%，比 2015 年提高了 49.3 个百分点；而且比 2019 年贫困地区农户加入合作社的整体平均水平高 2.4 个百分点。民族贫困地区农户入社率为 68.3%，比 2015 年提高了 45.6 个百分点，但比 2019 年贫困地区农户入社平均水平低 3.3 个百分点（见图 7-10）。

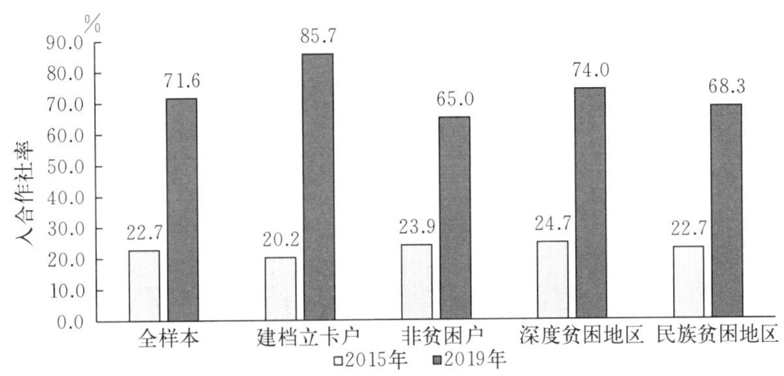

图 7-10　2015 和 2019 年贫困地区农户加入合作社情况

五、贫困群众对产业发展的期望

对于通过产业发展实现增收脱贫，大部分贫困群众保持乐观的预期。调查数据显示，95%的贫困户、91%的非贫困户认为通过发展产业可以实现稳定的增收。

对于下一步如何通过发展产业实现稳定增收，贫困群众也有自己的想法。调查数据显示，69%的贫困户认为未来需要不断提高产品质量，形成品牌；61%的贫困户认为需要发展电商等多种方式开拓销路；52%的贫困户认为需要进一步扩大规模实现增收；47%的贫困户认为需要企业、农民专业合作社、大户等领头带着干；39%的贫困户表示仍然需要提高自身的技术技能；20%的贫困户认为还需要继续改善产业基础设施。非贫困户的想法与贫困户大同小异，不过非贫困户在开拓产品销路、改善基础设施方面需求明显比非贫困户高，分别高出 4 个、9 个百分点；同时非贫困户对主体带动发展的需求比贫困户要低 10 个百分点。

分区域看贫困户的产业发展需求，深度贫困地区的贫困户在发展产业实现稳定增收上的需求与贫困地区整体相似，只是贫困户对改善基础设施方面的需求比平均水平低 7 个百分点。相比之下，民族贫困地区的贫困户对加强企业及农民专业合作社等主体带动、提升自身技术技能、改善基础设施方面的需求要高于贫困地区平均水平；同时，民族贫困地区贫困户对开拓产品销路方面的需求低于贫困地区平均水平 8 个百分点。

分区域看非贫困户的产业发展需求，深度贫困地区、民族贫困地区与贫困地区整体情况基本一致，个别方面有差异。具体而言，深度贫困地区对开拓产品销路的需求较高，72%的非贫困户希望能开拓销路，高出贫困户 11 个、非贫困户 7 个百分点。民族贫困地区的非贫困户对改善产业基础设施的需要较高，33%的非贫困户希望能够继续改善基础设施，高出贫困户 13 个、非贫困户 5 个百分点（见表 7－8）。

表 7－8　2019 年贫困地区农户产业发展需求占比

	贫困户			非贫困户		
	贫困地区	深度贫困地区	民族贫困地区	贫困地区	深度贫困地区	民族贫困地区
打品牌占比（%）	69	66	66	68	67	67
拓销路占比（%）	61	64	53	65	72	52
扩规模占比（%）	52	53	48	49	49	48
主体带动占比（%）	47	48	54	37	36	36
提升技术占比（%）	39	42	46	39	39	47
改善设施占比（%）	20	13	27	29	23	33

六、小结

2015—2019 年期间，我国贫困地区农村居民收入实际增速高于全国农村居民的收入增速 2 个百分点，贫困地区农村居民收入与全国农村差距持续缩小。

对 7 省 28 县 1 120 户农户的调查数据显示，2019 年建档立卡贫困户人均可支配收入为 10 534 元，扣除价格因素，2015—2019 年间，年均实际增速为 25.3%，显著高于同期全国贫困地区农民收入增速。产业扶贫收入对建档立卡贫困户 2019 年人均可支配收入的贡献率为 37%，对 2015—2019 年期间贫困户收入增长的贡献率为 47.6%。2015—2019 年期间，产业扶贫的增收贡献主要来自经营收入和工资收入，分别构成了产业增收贡献的 56.5%和 33.0%。

此次调查数据同样显示，产业扶贫的增收成效喜人得益于但不局限于以下几点。首先，精准产业帮扶措施高覆盖。如技术帮扶、项目帮扶、小额信贷和销售帮扶等产业帮扶措施对贫困户的总体覆盖率达到了 98%；而且产业帮扶措施在贫困户脱贫后虽有所调整，但整体保持稳定，较好地落实了中央关于保持政策稳定的要求。其次，有一批新型农业经营主体在引领扶贫产业发展。农民专业合作社、企业是贫困地区产业扶贫的主要带贫主体，对贫困户的带动覆盖面分别达到 82％、59％。再次，形成了股份合作、劳务就业和订单合作等带贫模式，其中，股份合作社是主要的带贫方式，61％的贫困户通过参股的形式参与产业发展实现增收。最后，扶贫产业发展的组织化程度明显提升。2019 年，建档立卡贫困户的入社率为 85.7％，比 2015 年提高了 65.5 个百分点。贫困群众抱团发展，既实现了规模效应，也提高了抵抗风险的能力，增收更稳当。

第八章

产业扶贫面临的新形势与问题

经过多年的减贫与发展，贫困地区的产业发展基础得以不断夯实。随着脱贫攻坚战在2020年的胜利收官，脱贫地区未来乡村产业发展将面临着农村相对贫困新格局、乡村振兴战略全面推进、“双循环”新发展格局等新的形势与要求，同时也面临着产业发展规模小、利益联结机制尚不健全等问题。

一、新背景

（一）发展基础条件趋于完善

贫困地区特别是深度贫困地区的基础设施滞后、基本公共服务供给短缺、产业基础薄弱、内生动力不足等是阻碍产业扶贫效果提升的突出短板问题（许成科，2019）。但自2018年脱贫攻坚战冲锋号吹响以来，贫困地区的产业发展基础和面貌发生了显著变化，为“后脱贫时代”的产业扶贫打下了一定基础。

1. 基础设施和公共服务条件显著提升

通过出台专项扶贫、行业扶贫政策，加大扶贫资金支持，增加公共服务供给的力度，大力推进交通、水利、电力网络、信息、冷链物流等基础设施建设，使得贫困地区生产生活条件得到明显提升，为贫困地区创造了益贫式的社会发展环境（左停等，2019）。

2. 农业产业化雏形初现

脱贫攻坚战中各级政府、部门一直把发展当地特色产业放在突出重要位置，通过各类产业项目实施，一定程度上解决了贫困地区产业缺、起步晚、产业散小弱等问题，一二三产融合度提升，农业生产经营主体迅速发展并逐渐成为产业扶贫主体，对贫困户起到了积极的辐射带动作用，夯实了脱贫致富的产业基础（吕开宇，2019）。

3. 贫困人口发展能力不断提高

在脱贫攻坚战中，紧抓扶志和扶智相结合，发挥贫困人口的主体作用，培养贫困人群自力更生、自我发展的技能，激发了贫困地区的内生动力。贫困人口通过参与到产业帮扶项目中，在实现经济效益的同时培养了发展能力和自信心，塑造了有助于贫困人群自力更生的良好发展环境。可以说，2020 年之前的产业扶贫经历了产业从无到有的起步发展阶段，而 2020 年后产业扶贫更多的是要解决产业持续发展壮大的问题。

（二）贫困整体格局有所转变

2020 年后，贫困治理的核心问题是如何在社会正义的基础之上实现个人的自由与全面发展，农村贫困治理进入相对贫困阶段，产业扶贫的目标、方向、重点等要服从、服务于这一重大变化，寻求发力空间。

1. 以相对贫困为核心的新贫困格局

相对贫困群体的发展能力、抗风险能力较弱，使其在政治、经济等多方面处于弱势地位，因边缘人群的脆弱性、收入分配不平等的存在使得相对贫困一直存在。如何帮助徘徊在贫困边缘的脆弱群体摆脱贫困，将是 2020 年后贫困治理关注的重点（张琦等，2020）。

2. 农村贫困从单维收入贫困走向包括资源、能力与机会的多维贫困

2020 年后，温饱层面上的贫困问题得到缓解，进入经济、社会、资产和生态等多维贫困新格局。应从多维贫困视角认识贫困现象、解决贫困问题，为贫困人口提供发展机会、促进贫困人口能力提升（栾卉、万国威，2020）。

3. 农村潜存新一代贫困人群，需阻断贫困代际传递

农村教育资源不足及营养、健康和养育方面较落后，对儿童发展产生不利影响。未来人工智能时代，贫困人群下一代的人力资本弱势将引致就业困境，通过代际传递使这些人成为 2020 年后新的贫困主体（罗必良，2020）。总之，以相对贫困为核心的新贫困格局意味着 2020 年后扶贫策略的调整，相应地，产业扶贫在资源分配过程中也需更多地兼顾边缘弱势人群，更加注重低收入人口自身发展能力与抵御风险能力的提升。

（三）农村人力资源发生蜕变

1. 农村人口空心化将加剧贫困

据《2019 年农民工监测调查报告》，全国农民工总量 2.9 亿人，平均年龄为 40.8 岁。欠发达地区青壮年劳动力外出务工比例高，人口“空心化”已成常态。产业扶贫效果面对丧失劳动能力或劳动能力较弱的农村留守老人和妇女将大大降低，而“空心化”引起技术、产业、服务和公共设施衰落则将制约产业扶贫的实施。

2. 农业劳动力老龄化加速推进

据《中国人口和就业统计年鉴 2019》，2018 年乡村人口中具有高中及以上

文化程度的仅占15.2%，而文化程度较高的青壮年多外出打工，田地劳作农民以50岁以上的中老年人居多，他们文化水平较低，吸收农业科学技术能力较差，无法适应农业产业现代化发展的要求，农业可持续发展难以保障。

3. 产业技术人员和管理人才稀缺与断代

农村贫困地区艰苦的工作、生活条件使得相关产业技术人员和管理人才引不进、留不住的问题将在未来很长时间内一直存在，必然会造成农业新技术推广普及难、引导和带动乡村产业发展力量不足等问题。因此，2020年后，需要警惕产业扶贫可能面临无“能人”引领、没人敢接、没人想接，甚至停摆局面的出现。

（四）经营主体结构正在转型

未来一段时期，小农户与新型农业经营主体将长期共存，但结构转型将愈加明显，这就需要在推动产业时更加注重不同主体的经营优劣势。

1. 新型农业经营主体不论是户数还是产出份额都呈不断增长趋势

第三次全国农业普查数据表明，与2006年相比，2016年全国新型农业经营主体数量大幅增加，仅农业经营单位就增长了417.4%。农业生产规模化和专业化发展特征明显，这就需要在推动农村扶贫产业发展时，高度重视产业的标准化生产和集聚效应的发挥。

2. 农业经营中小农户仍然占大多数的国情农情在短期内不会变

要充分发挥小农的主体作用，优化外部环境，强化小农户内生动力（张红宇，2019）。未来，一方面在产业培育上需要更加重视对小农户的带动和融合效果，另一方面需要高度重视特色小宗农产品的培育和挖掘，充分发挥贫困小农在时间投入和区域特色等方面的优势。如果没有很好地做到小农户与规模经营有效结合，很容易出现农产品生产更为简单意义上的同质化发展，既无法发挥规模经营和区域集聚的效果，又丧失了开发小宗特色农产品的机遇，最终影响产业扶贫效果。

二、新机遇

（一）供给侧结构性改革提供了产业转型的新要求

党的十九届五中全会提出要加快构建以国内大循环为主体、国内国际双循环相互促进的新发展格局。“双循环”新发展格局要求继续深化供给侧结构性改革，使产业发展更多依托国内市场，提升产业供给对国内需求的适配性。脱贫地区的扶贫产业也顺应这一新发展格局，补齐短板，不断提高产业链、供应链的竞争力。

同时，"十三五"以来，东部沿海地区要素向外转移已成燎原之势，为贫困地区超常规发展提供了千载难逢的机遇。同时，贫困地区相对工资较低的人口红利、土地优势、中央及对口支援省（市）支持发展的政策红利使其具有承接产业转移得天独厚的优势。未来脱贫地区产业扶贫工作重点是将产业主体自发向成本洼地流动的原动力，与欠发达地区积极主动招商引资推动产业扶贫的强烈意愿结合，通过打造区域合作和产业承接发展平台，为欠发达地区承接产业转移、增强承接能力创造有利条件，引导发达地区劳动密集型等产业优先向脱贫地区转移，促进脱贫地区产业向精品化、高端化发展，加快推动传统产业转型升级（朱文蔚、全春霞，2016）。

（二）乡村振兴战略启动提供了产业升级的新机遇

对脱贫地区来说，扶贫产业刚刚步入正轨，产业发展的基础仍较为薄弱，公共服务和基础设施条件仍存在不足。因此，脱贫之后需要建立一个长效稳定的机制来继续巩固提升脱贫攻坚战的产业扶贫成果（汪三贵、冯紫曦，2019）。乡村振兴战略把产业兴旺作为重中之重，产业兴旺将在产业扶贫的基础上，注重提升农村一二三产业融合，发展彰显地域特色产业，通过拓展农业产业链，引导资本、人才、技术等生产要素实现城乡之间的自由流动，以实现脱贫地区产业扶贫的提质升级，并有效巩固拓展脱贫攻坚过程中产业扶贫所形成的成果，推动脱贫攻坚中的产业扶贫和乡村振兴中的产业兴旺有效衔接，使脱贫地区的产业持续发展壮大，并进一步做强。

（三）新技术新装备应用提供了产业创新的新手段

新一轮科技革命和产业变革深入发展，移动互联网、物联网、人工智能、大数据、云计算等新一代信息技术与传统农业加速融合，特色农业产业智能化、智慧化已成为不可逆的时代潮流（甘靖平，2019）。智慧农业将使贫困地区与发达地区一样站在农业产业革命的起跑线上，有机会搭上互联网技术的快车，产业互联网扶贫助农的方向将更清晰可见。新技术通过作用于产业链全过程的研发设计、生产制造、仓储、物流、销售等环节，实现产业链的数据化、可视化，实现产销对接，并解决传统产业发展投入大、效率低、产量低、销路难、品质差、信息不流畅或是信息传递方式不到位等痛点问题，显著提升农产品价值的市场空间、农村产业发展活力和动力，推动产业扶贫。可以预见，未来产业扶贫将更大地受益于产业互联网的普及应用。

（四）消费需求日益多元提供了产业拓展的新空间

农业供给侧结构性改革的深入推进和一二三产业融合发展，特别是党的十九大以来，各地以实施乡村振兴战略为总抓手，积极培育壮大农村新业态。休闲农业与乡村旅游、农村电商持续快速发展，农产品加工业保持稳中有增态势，这些农村新产业和新业态在脱贫攻坚战中发挥了重要作用。未来，城乡居民总体消费层次高、需求旺盛，市场潜力巨大，且消费需求日益多元化，促进农村新型业态和新兴产业不断涌现。古村落、绿道、森林氧吧、山溪漂流等自然资源让城乡居民分外向往，文化创意农产品、农事体验、观光休闲、民宿休闲等农村新型产业也让城乡居民格外喜爱，这将极大地拓展产业扶贫发展空间（雷鹏、周立，2020）。

三、面临问题

虽然贫困地区乡村产业在脱贫攻坚战中得到了前所未有的重视和发展，在带动贫困群众脱贫增收上取得了可喜的成就。但是，此次调查数据同时也显示，2019 年，仍有 6％的样本贫困村尚未形成稳定的支柱产业，49％的贫困村支柱产业年度产值不足 500 万元、年度销售额不足 400 万元，仍有 4％的样本贫困村产业发展中缺乏农民专业合作社、企业等新型农业经营主体的带动，在一定程度上反映出贫困地区乡村产业多数仍处于起步阶段，还面临着一些困难和挑战，如发展基础尚不牢靠，产业发展散小弱的局面仍待打破，产业带贫的能力有待提升等。

（一）扶贫产业特色不特与规模偏小并存

一方面，产业简单同质化，特色挖掘不够，特色产品优质优价难以实现（李明远，2020）。随着脱贫攻坚时间节点的接近，一些地方出现急躁冒进情绪，区域统筹、错位发展意识不强，产业谋划未能与当地资源禀赋、产业基础相结合，产地优势不明显。不少集中连片特困地区，具有地处偏远山区、高质量耕地资源少、交通闭塞不畅等共同特征，因此林果业和大棚蔬菜往往成为这些地区共同的特色产业。但由于缺乏特色资源挖掘和特色良种开发能力，最终形成“大路货”特色产业的尴尬局面。另一方面，盲目同质化，产业发展差异化和创新性不足，规模意识不够，产业化集聚效应难以发挥（吕开宇，2019）。近年，一些贫困地区在推进产业扶贫工作时并没有做好扶贫产业与大市场之间的有效对接，一些产业项目缺乏前期充分调研，盲目复制，导致产业扶贫出现局部性、区域性的产业趋同现象，但同时又缺乏协同布局的生产意识，规模集聚效应难以产生。三是产业简单和盲目的同质化产生“伤农”事件，扶贫产业发展受限，频频出现扶贫产品供大于求、卖难现象，伤害贫困户的积极性（焦斌龙，2018）。从根本上讲，大多同质化是由于政府或市场主体，没有立足自身实际认真研究市场规律，在产业扶贫培育过程中没有深度挖掘地域性和特色性，违背产业发展规律一拥而上、盲目跟风，最终导致产能过剩，价格波动过大，有的农产品甚至严重滞销，贫困户或企业等市场主体损失惨重。

（二）产业扶贫成果巩固拓展上有待提升

一是脱贫成果巩固拓展上，少数地方仍然缺乏整体规划，经营主体带贫意识淡薄（高强等，2019）。调研发现，一些地方龙头企业、农民专业合作社等经营主体，在生产能力稳定形成、市场业务不断壮大的情形下，没有重视产业链的延伸和带贫作用的发挥，产业扶贫没有在巩固拓展扶贫成效上下足功夫。例如，某企业利用扶贫资金建成的标准化养鸡场迅速形成蛋鸡产能，并实现盈利，然而在饲料辅料供应、淘汰母鸡屠宰等经营活动上仍完全依托母公司，没有充分利用和挖掘当地在粮食生产、配套加工、屠宰设施等便利条件，结果不仅背离了产业扶贫的带贫益贫、壮大村集体经济的政策设计初衷，而且也未能充分利用地方资源来优化产业链，上下游链条渠道不稳，产业集聚、集群效应难以发挥，长远来看，产业难以做大做强。二是产业扶贫资产管理上，一些地方仍然存在着资产管理制度建设不充分、监管机制不清晰、绩效低下等问题（罗君名，2020）。调研发现，虽然很多地方针对扶贫资金出台了相关政策，但在扶贫资产管理上，没有出台具体的扶贫资产管理办法；在监管机制上，没有建立起有效的扶贫资产管理平台，更未形成产业巩固拓展激励机制，扶贫产业经营风险防控机制仍待完善。

（三）利益联结和收益分配机制有待健全

一是产业扶贫益贫性仍然较低，各地在推进产业扶贫过程中具体实施项目“扶富不扶贫，扶强不扶弱”的现象普遍存在（吕开宇，2019）。一些地区仍然存在扶贫项目、资源和利益等被精英群体获得的问题。一些产业扶贫项目由于前期调研谋划不充分，导致部分扶贫产业与当地贫困户的结合程度不够，难以有效覆盖适宜开展产业扶贫的贫困人口。有的地方支持龙头企业实施产业扶贫项目，初始想法是让企业带动贫困户发展，但是不少贫困户由于自身缺乏劳动技能和发展资金，实际很难真正参与到产业扶贫项目，最终扶贫资金“变相”扶持了企业。与此同时，一些地区仍有部分贫困户对政府的依赖性较强，存在一定的“等靠要”思想，自身参与产业扶贫的积极性主动性不足，对政府的依赖性较强（张琦、刘欣，2018）。最终，这些扶贫项目由于益贫性不足，不仅浪费了宝贵的扶贫资源，也打击了政府、贫困户发展产业的积极性和信心。二是产业扶贫存在“一股了之”现象，参与式扶贫理念薄弱，因内卷化产生的收入差距扩大，难以实现贫困户的分权普惠（李钢等，2020）。按照制度设计，产业扶贫资产形成收益之后，不仅要惠及贫困群众，更要将有劳动能力的贫困户融入扶贫产业体系中，提高贫困户的发展能力，但实际上，仍有一些地方将扶贫到户资金入股到合作社、企业，贫困户实际没有参与产业经营或就业，仅仅是获得了一定的分红。

（四）产业扶贫与产业兴旺衔接不够顺畅

一是思路上，各地对待衔接的差异很大。东部地区，产业振兴作为重中之重，地方政府把产业招商引资作为首要任务，高度重视产业布局和产业升级，而产业带贫益贫已是附属功能（吕开宇，2019）。西部地区，基层一些干部对衔接工作思考不多，对产业扶贫与产业振兴的衔接内涵、衔接方略、工作机制等还没有明确思路，基本上还是就脱贫攻坚谈脱贫攻坚，就乡村振兴谈乡村振兴。二是主体上，地方对于产业扶贫与产业振兴衔接工作缺乏有效的推动主体。即使有主体，权责不够清晰，缺乏衔接、巩固拓展的思路，在组织和工作方式上缺乏脱贫后衔接乡村振兴的有效抓手，脱贫摘帽和壮大产业工作尚未真正做到统筹协调（左停，2020）。

第九章

政 策 建 议

2020 年后产业扶贫的发展需要紧密结合新的形势，提出新的发展思路，实现脱贫攻坚战成果的巩固拓展。受脱贫攻坚战全面胜利、农村贫困新格局、乡村振兴战略推进、“双循环”新发展格局及农村新产业、新业态发展等因素的影响，2020 年后的脱贫地区产业扶贫目标、重点将明显不同于以往。

脱贫地区的产业扶贫需要重点抓好“四大”关系，即把握好产业发展与市场需求的关系，协调好各经营主体利益分配关系，疏通好产业链上下游的关系，平衡好资源利用与生态保护的关系，从而不断壮大乡村特色产业。本研究建议，脱贫地区在“十四五”期间，应继续发展壮大龙头企业等新型农业经营主体，提高带贫实效；创新流通方式，积极拓展产销衔接；强化科技创新，支撑特色产业高质量发展；持续聚焦发展短板，加大政策倾斜力度，推动乡村产业发展壮大，以产业发展促进脱贫攻坚战成果的巩固拓展。

一、脱贫地区推进特色产业发展思路

脱贫地区推进乡村特色产业发展的思路是，坚持问题导向，以巩固拓展脱贫成果、建立解决相对贫困长效机制为目标，以提升产业竞争力为核心，以主体培育、产业链延伸、带贫机制完善为重点，推动扶贫产业持续发展壮大。其中，关键是处理好产业发展与市场供需的关系，协调好各经营主体利益分配关系，把握好产业链上下游的关系，平衡好资源利用与生态保护的关系，推动实现绿色高质量发展，提高特色产业的竞争力，进而实现特色产业经济效益、社会效益及生态效益耦合发展。

（一）衔接好生产与市场的关系

传统农业的同质化、低水平化产生农业生产结构性矛盾，农业生产与市场需求严重脱节，直接影响产业扶贫的效果。正确处理好特色产业发展与市场需求的关系，不断完善体制机制创新，促进供给需求有效衔接。实现特色产业结构优化调整与市场需求有效衔接，有效缓解农村生产结构性矛盾，是脱贫地区推进扶贫产业发展的重要环节。

1. 精准识别市场需求

特色产业生产发展要始终以市场为牵引，与市场有效需求相统一。生产中应立足实际，紧盯市场需求，注重特色、品质和差异化。在"双循环"新发展格局之下，积极挖掘国内市场潜在需求，依托本地现有资源，明确产品定位，在特色上下功夫，充分体现特色、差异化。

2. 提供有效市场供给

瞄准市场有效需求，探索生产高品、优质、绿色、特色鲜明的产品及服务，在品种、品质、结构以及安全方面不断完善提升特色产业生产水平，不断推进农业由增产导向转向提质导向，大力发展和提供特色化产品和特色化服务。因地制宜，充分利用区位优势、人力资源优势、政策优势，发展区域性特色产业，形成特色产业集群，提高产业的有效规模。

（二）协调好四种经营的关系

发展特色产业生产离不开农户、企业、合作社以及集体经济的配合。2017年，农业部等6部门联合印发的《关于促进农业产业化联合体发展的指导意见》中提出，为农业农村快速发展注入新动能。正确处理好农户经营与合作经营、集体经营、企业经营的关系主要考虑以下几个方面：

1. 不断完善利益联结共享机制

建立完善的利益联结共享机制，激励各利益相关主体形成联动反应，拓宽特色产业链，提高特色产业的增值能力。立足我国小规模家庭经营为主的现实国情和农情，政府应为产业链的形成和发展提供制度保障、资金扶持，平等对待不同农业经营主体，农民专业合作社发挥服务职能，集体经营突出主体地位，龙头企业发挥模范带动作用，合力为农户提供全产业链服务，各得其用，并通过健全农业社会化服务体系实现小规模农户和现代农业发展有机衔接，使农民分享更多的增值收益。

2. 不同经营主体协调合作

特色产业发展离不开农户经营、合作经营、集体经营与企业经营之间有机的结合，协调高效的合作需要在合作模式、结构上进行尝试和创新。积极探索多种合作模式，充分发挥各主体的优势。扶持一批特色产业化联合体，发挥龙头企业的带动示范作用。利用各地特色资源，发展特色产业，引导各类农业经营主体通过多种方式合作，并通过健全农业社会化服务体系实现小规模农户和现代农业发展有机衔接。

（三）疏通好产业链上下游的关系

2020 年 10 月，党的十九届五中全会提出要提升产业链供应链现代化水平。要深化农村改革，健全农村金融服务体系，发展农业保险。正确处理特色产业发展中产业链上下游的关系，既要科学分配各方利益，挖掘特色产业生产内生动力，提高产品附加值、延长产业链，也需要进行体制机制创新，发挥金融服务功能。

1. 平衡利益，打造现代化产业链

特色产业链的构建需要横向一体化与纵向多元化有机结合，完成从产前、产中到产后的有序衔接，以有效避免产业链断层。这需要充分发挥龙头企业、农民专业合作社等新型农村经营主体的带头作用，挖掘特色产业中的高附加值，将特色产业打造成现代化、高产值、绿色低碳、有特色的产业模式。发展特色产业，要抓好建链、延链、补链、强链工作，需要处理好各方利益，明确利益分配，既保证特色产业链中不同主体间利润分配的公平合理性，又兼顾利润增长的连续性、稳定性。

2. 完善机制，发挥金融体系服务功能

特色产业的发展离不开金融资金的支撑和协同，欠发达地区要发展产业，最大的障碍就是缺乏金融资金支持。大力培育乡村产业，建设现代化产业链，都需要发挥金融的支撑作用。一方面，需要在税收政策上、资金供应上对涉农金融机构给予优惠政策，鼓励金融机构针对特色产业链上各个环节，积极探索创新型金融产品和服务模式。推动金融机构支农减贫，为特色产业发展注入金融活水。另一方面，需要政府与金融机构强化合作，创新风险保障机制。政府需加大财政补贴力度，支持金融机构通过建立完善风险分担机制、风险防范机制、熔断机制等体制机制创新，加大对特色产业发展的保险与再保险帮扶力度，持续提高农业保险对特色产业的保障水平。

（四）平衡好资源利用与生态保护的关系

党的十九届五中全会提出要坚持绿水青山就是金山银山的理念。乡村的自然、生态、社会等特色资源是乡村特色产业发展的基础，特色产业要发展需要正确处理好资源利用与生态保护的关系，既要重视资源的开发利用、效率的提高，又要兼顾生态环境的保护。正确处理人与自然、发展与保护之间的关系，遵循预防为主，治理为辅的原则，实现环境与经济协调发展。

1. 全面提高资源利用效率

资源的开发和利用要充分遵循高效、节能、环保的原则，对其开发和利用要从其自然属性出发，以绿色、低碳、可持续为宗旨，以各地资源禀赋及独特

的历史文化为基础，依靠科技创新和应用，发展科技型、环保型、智慧型特色产业。优化资源配置，循环利用，全面提高资源的利用效率，形成一批特色产业、特色品牌，推动特色产业绿色可持续发展，为实现乡村振兴提供物质保障。

2. 严守生态保护红线

生态环境保护是红线，应始终贯穿于产业发展的全过程。对生态保护要强化整体性、系统性，不断完善生态治理长效运行机制，走生态经济可持续发展道路。生态保护，需“自上而下”和“自下而上”相结合。首先，环境保护具有外部性，需加大财政投入力度，加强政府引导。其次，强化政策引导，完善生态补偿，以开发促进生态保护。加快设置特色产业间差异化环境保护标准，落实符合节能环保特色产业的各项优惠政策，对达标特色产业、经营主体给予一定的优惠补贴和奖励。

二、脱贫地区产业扶贫巩固拓展建议

做大做强脱贫地区乡村特色产业是提高产业扶贫贡献率的基础，完善利益联结机制是提高产业扶贫贡献率的关键。2020 年后，脱贫地区仍需通过大力培育龙头企业等新型农业经营主体，建设现代化特色产业链，提高产业附加值，增强带贫效果；进一步加强科技创新对产业的支撑，不断拓宽产销对接渠道、优化对接机制；持续加大对特色扶贫产业的扶持力度，以推动产业发展促进扶贫成果的巩固拓展。

（一）壮大龙头企业，提高带贫实效

脱贫地区乡村特色产业的发展重点是以发展壮大产业龙头企业为抓手，推动乡村特色产业全产业链建设，打造乡村特色产品品牌，实现乡村产业提档升级，提高带贫实效。加大对产业龙头企业、农民专业合作社等带贫主体的扶持力度。针对脱贫地区产业发展的短板，充分利用东西部协作和对口帮扶机制，围绕特色农产品加工流通、特色新产业开发，从东部地区引进产业化发展水平高、带动能力强的龙头企业落地，同时积极发展壮大本土新型农业经营主体，依托乡村特色优势，打造乡村特色产业集群。同时，以提升产业竞争力和带贫能力为中心，保持对脱贫地区带贫主体的支持政策，龙头企业认证、示范合作社建设等继续向脱贫地区倾斜，支持竞争力强、带贫效果好的主体发展壮大。以龙头企业为主导推进现代化产业链的建设与创新。鼓励龙头企业、农民专业合作社、家庭农场等新型农业经营主体以优势互补、分工协作为前提，以利益联结为纽带组建特色产业联合体，由龙头企业引领，在产业链关键环节进行整

合创新，不断延伸拓展产业链，促进全产业链增值增效；把低收入群体通过各种形式有机嵌入产业链条中，带动低收入群体参与产业发展，稳定提高带贫效果。以龙头企业为主导推动乡村特色产品品牌打造。以产业龙头企业、生产性服务主体带动乡村产业的经营规模化、生产标准化，充分发挥品牌创新引领作用，调优产业结构，促进特色产业转型升级。围绕绿色优质安全，挖掘特色产业的核心价值和文化内涵，以培育区域公用品牌、企业产品品牌为重点，推动区域特色产品品牌建设，提高产业附加值，提升低收入群众收益水平。

（二）创新流通方式，拓展产销对接

加强乡村特色产品产销对接工作的重点是积极利用各种展会活动开拓对接渠道，创新流通方式，以销定产，建立产销对接长效机制。多措并举拓宽产销对接渠道，鼓励各地政府积极组织和参与展览会、交易会、洽谈会等各种形式的产销对接活动，鼓励脱贫地区新型农业经营主体积极参与，开拓线上线下产销对接渠道；大力开展品牌宣传推介，以品牌带动市场营销，以品牌赢得市场空间。发挥对口帮扶、对口支援、东西协作等制度优势，主动对接帮扶省（市）消费需求，生产适销对路的特色产品，建立稳定销售渠道。以特色农产品电子商务为抓手，创新流通方式，加强对脱贫地区乡村电商人才培训，加大特色产业电商创业支持，鼓励扶持企业建立自己的电商平台，推动乡村特色产品上网销售，实现产销精准对接。建立优化长效稳定对接机制。坚持“以销促产”，引导产业龙头企业、大型批发市场、大型连锁超市等市场流通主体走进产地，通过订单农业、产销一体、股份合作等模式，推动建立稳定的产销衔接机制，提升脱贫地区的发展能力。

（三）强化科技创新，支撑产业高质量发展

以增加科技投入水平、整合提升科技研发及推广资源和推动产学研协同创新为重点，继续加强对脱贫地区扶贫产业的科技支撑，用科技创新为脱贫地区乡村产业高质量发展插上翅膀。加大特色产业科技投入，重点加大财政对脱贫地区特色产业科技研发、成果转化及推广的投入，并引导龙头企业等社会资本参与科技投入。加强与东部地区高校、科研院所、企业的战略合作，形成产学研融合的特色产业科技创新联盟，搭建科技服务创新平台，建设特色产业研究示范基地，以良种选育繁育、特色产品精深加工、农业绿色发展、资源高效利用等为重点，针对产业发展面临的重大需求和关键技术问题进行技术攻关、试验示范和转化，全面提升产业科技创新能力和核心竞争力。加强脱贫地区农业农村科技队伍建设，创新激励机制，加大对脱贫地区乡村科技及推广人员的培训和再教育力度，优化科技人才队伍结构。整合乡村科技服务资源，完善新技

术、新品种区域试验评价及展示推广机制，加强特色产业科技试验示范基地建设，积极开展特色产业园、示范园、创业园创建工作，搭建“专家组＋技术指导员＋科技示范产业经营主体＋农户”的科技成果推广转化体系，将新品种、新技术的推广真正应用到乡村产业一线，支撑脱贫地区乡村产业高质量发展。

（四）持续聚焦短板，加大政策倾斜力度

以改善产业发展基础设施、优化营商环境、加强金融保险等政策支持为重点，持续改善脱贫地区乡村特色产业发展条件。大力提升脱贫地区产业发展基础设施及服务保障水平。各级财政加大支持力度，并通过股份合作等方式带动金融和社会资本，重点加强对交通、电力、网络等支撑性基础设施的投入，加快建设产地市场、仓储物流、质量安全检测、公共品牌运营、信息监测、劳动力培训等产业发展配套服务平台，补齐发展基础设施及服务短板。持续优化脱贫地区营商环境。脱贫地区各级政府一方面要切实强化其在土地、能源、劳动力等方面的低成本优势，并在税收、融资等方面给予倾斜，降低企业经营成本；另一方面要提高政府服务质量，提高投资兴业便利度，吸引企业落户。完善脱贫地区特色产业支持政策，以绿色生产、精深加工、电商物流、品牌建设等为重点形成一揽子特色产业支持政策，在资金、项目、政策等方面给予特色产业以稳定支持。鼓励脱贫地区设立特色产业发展基金，以财政促进金融支持乡村产业发展，引导社会资本聚集，优化资金配置，以龙头企业增强实力、扶持中小企业创新、产业深度融合、产业数字化等为支持重点，推动特色产业发展壮大。加强对乡村特色产业的保险支持。加大财政补贴力度，以扩大保险产品和保险范围、提高保费标准、不断创新服务模式为重点任务，探索为各类经营主体提供覆盖全产业链的一揽子综合保险，建立特色产业大灾风险分摊机制，为乡村特色产业发展提供保障，提高农民发展产业的积极性。加强规划引领。在乡村特色产业规划上，要立足长远，与区域内相关社会经济发展规划衔接，统筹协调，形成产业发展合力，也要与周边地区产业发展形成差异，避免同质化竞争。

参考文献 REFERENCES

白丽，赵邦宏，2015. 产业化扶贫模式选择与利益联结机制研究——以河北省易县食用菌产业发展为例［J］. 河北学刊（4）：158－162.

曹委，张艳荣，2020. 基于 DEA 模型的全国贫困地区产业扶贫的绩效评价研究［J］. 国土与自然资源研究（1）：88－93.

陈爱雪，刘艳，2017. 层次分析法的我国精准扶贫实施绩效评价研究［J］. 华侨大学学报（哲学社会科学版）（1）：116－129.

陈恩，2019. 产业扶贫为什么容易失败？——基于贫困户增能的结构性困境分析［J］. 西北农林科技大学学报（社会科学版）（4）：87－95.

陈小丽，2015. 基于多层次分析法的湖北民族地区扶贫绩效评价［J］. 中南民族大学学报（人文社会科学版）（3）：76－80.

陈晓华，2020. 突出扶持重点，切实增强新型农业经营主体发展带动能力［J］. 农业经济问题（11）：4－7.

代海涛，2014. 吉林省农业机械化对农业生产贡献率及发展对策研究［J］. 中国农机化学报（6）：300－303.

段妍珺，2016. 贵州省精准扶贫绩效研究——基于因子分析与数据包络法结合分析［D］. 贵阳：贵州大学.

樊胜根，1998. 中国农业生产与生产率的增长：新的测算方法及结论［J］. 农业技术经济（4）：27－35.

付英，张艳荣，2011. 兰州市扶贫开发绩效评价及其启示［J］. 湖南农业大学学报（社会科学版）（5）：25－30.

高强，刘同山，沈贵银，2019. 2020 年后中国的减贫战略思路与政策转型［J］. 中州学刊（5）：31－36.

顾焕章，王培志，1994. 农业技术进步贡献率测定及其方法研究［J］. 江苏社会科学（6）：7－11.

胡晗，司亚飞，王立剑，2018. 产业扶贫政策对贫困户生计策略和收入的影响——来自陕西省的经验证据［J］. 中国农村经济（1）：78－89.

黄强，刘滨，刘顺伯，2019. 江西省精准扶贫绩效评价体系构建及实证研究——基于 AHP 法［J］. 调研世界（4）：45－50.

姜美荣，2020. 农村人口老龄化现状及对农业经济的影响［J］. 现代农业科技（7）：235，237.

蒋和平，苏基才，2001. 1995—1999 年全国农业科技进步贡献率的测定与分析［J］. 农业技术经济（5）：12－17.

焦斌龙，2018. 警惕扶贫产业同质化倾向［J］. 农民科技培训（6）：35－36.

黎沙，2016. 我国精准扶贫的实践困境及对策研究［D］. 南京：南京大学.

李博，左停，2016. 精准扶贫视角下农村产业化扶贫政策执行逻辑的探讨——以Y村大棚蔬菜产业扶贫为例［J］. 西南大学学报（社会科学版）（4）：66－73.

李冬慧，乔陆印，2019. 从产业扶贫到产业兴旺：贫困地区产业发展困境与创新趋向［J］. 求实（6）：81－91.

李钢，李景，2020. 中国产业扶贫"十三五"进展与"十四五"展望［J］. 当代经济管理（11）：9－16.

李明远，2020. 扶贫产业同质化原因分析与解决对策［J］. 现代农村科技（11）：6－7.

李燚，葛国耀，2018. 扶贫开发绩效评价指标体系及实证应用［J］. 经济与社会发展（1）：49－54.

梁婷婷，马晶，查菲，2019. 产业扶贫对陕西省区域发展的影响分析［J］. 农家参谋（32）：54－55.

林燕燕，王维新，2005. 农业机械贡献率测算的方法及实证分析［J］. 农机化研究（6）：62－64.

刘彬，钱力，左雨婷，2019. 基于DEA模型的扶贫绩效评价及对策研究——以阜阳市三个国家级贫困县为例［J］. 黑龙江工业学院学报（综合版）（6）：59－65.

刘芳，李炳军，2010. 河南省农业科技进步贡献率的测算和分析［J］. 技术经济（12）：74－76，121.

刘建生，陈鑫，曹佳慧，2017. 产业精准扶贫作用机制研究［J］. 中国人口·资源与环境（6）：127－135.

刘杰，2017. 产业精准扶贫的实践创新［J］. 中国扶贫（19）：38－41.

刘俊生，何炜，2017. 从参与式扶贫到协同式扶贫：中国扶贫的演进逻辑——兼论协同精准扶贫的实现机制［J］. 西南民族大学学报（人文社科版）（12）：205－210.

刘小丹，孟为国，2015. 江苏省农业机械化对农业产出贡献率的预测［J］. 南方农业（21）：209－210.

柳志，王善平，2020. 精准视角下扶贫绩效模糊综合评价——以湘西土家族苗族自治州为例［J］. 云南财经大学学报（5）：104－112.

栾卉，万国威，2020. 后减贫时代的中国城乡多维贫困及其衍生规律——基于六省市3 199户贫困家庭的实证调查［J］. 兰州学刊（3）：1－18.

罗必良，2020. 相对贫困治理：性质、策略与长效机制［J］. 求索（6）：18－27.

罗君名，2020. 农村产业扶贫资产管理的问题及对策［J］. 农业与技术（15）：149－151.

吕开宇，2019. 2020年前后的高质量产业扶贫研究［J］. 人民论坛·学术前沿（23）：40－45，75.

宁静，殷浩栋，汪三贵，等，2019. 产业扶贫对农户收入的影响机制及效果——基于乌蒙山和六盘山片区产业扶贫试点项目的准实验研究［J］. 中南财经政法大学学报（4）：58－66，88.

钮杭，郑文钟，2012. 农业机械化对杭州市农业产出贡献率的研究［J］. 现代化农业（7）：

43 - 45.
钱力，葛安佳，2017. 安徽省大别山连片特困区扶贫开发绩效分析 [J]. 蚌埠学院学报 (4)：80 - 84.
钱力，张陈，宋俊秀，2018. 安徽省大别山连片特困地区扶贫绩效评价——基于三阶段 DEA 模型和超效率 DEA 模型 [J]. 江汉大学学报（社会科学版）(5)：55 - 64.
苏群，陈杰，2014. 农民专业合作社对稻农增收效果分析——以江苏省海安县水稻合作社为例 [J]. 农业技术经济 (8)：93 - 99.
汪三贵，胡联，2014. 产业劳动密集度、产业发展与减贫效应研究 [J]. 财贸研究 (3)：31.
汪三贵，梁晓敏，2017. 我国资产收益扶贫的实践与机制创新 [J]. 农业经济问题 (9)：28 -37.
汪三贵，殷浩栋，王瑜，2017. 中国扶贫开发的实践、挑战与政策展望 [J]. 华南师范大学学报（社会科学版）(4)：18 - 25.
王桂荣，王慧军，陶佩君，2003. 河北省农业科技进步贡献率测定结果与分析 [J]. 河北农业大学学报 (Z1)：306 - 309.
王启现，李志强，刘振虎，等，2006. "十五"全国农业科技进步贡献率测算与 2020 年预测 [J]. 农业现代化研究 (6)：416 - 419.
危旭芳，2018. 新时代中国乡村振兴的关键要点与风险防范 [J]. 广东行政学院学报 (6)：92 - 98.
巫林洁，刘滨，唐云平，2019. 产业扶贫对贫困户收入的影响——基于江西省 1 047 户数据 [J]. 调研世界 (10)：16 - 20.
修兴高，2018. 中国产业扶贫模式比较研究 [D]. 福州：福建师范大学.
许成科，2019. 建国以来我国脱贫工作的主要成效、当前面临的现实挑战及应对措施探析 [J]. 西部学刊 (13)：24 - 26.
许汉泽，李小云，2017. 精准扶贫背景下农村产业扶贫的实践困境——对华北李村产业扶贫项目的考察 [J]. 西北农林科技大学学报（社会科学版）(1)：9 - 16.
许汉泽，徐明强，2020. 再造新集体经济：从"产业扶贫"到"产业兴旺"的路径探索——对 H 县"三个一"产业扶贫模式的考察 [J]. 南京农业大学学报（社会科学版）(4)：78 - 90.
杨青，朱瑞祥，张捷，等，2000. 陕西省农业机械化对农业生产贡献率的研究 [J]. 农业工程学报 (6)：64 - 67.
杨少文，2017. 广东农业科技进步贡献率和要素贡献率测算分析 [J]. 南方农业 (4)：37 -41.
杨为众，2007. 明辨统计分析中的贡献、贡献度与贡献率概念 [J]. 内蒙古统计 (1)：68 -69.
弋晓康，黄新平，朱晓玲，2011. 农业机械化对农业生产贡献率的测算——基于有无项目比较法 [J]. 农机化研究 (10)：1 - 4，9.
殷浩栋，2016. 产业扶贫：从"输血"到"造血" [J]. 农经 (10)：24 - 31.

尤琳，魏日盛，2020.“村党支部＋合作社”产业扶贫模式：运行成效、实践困境与政策建议［J］. 中国矿业大学学报（社会科学版）（1）：1-10.

张晋华，冯开文，黄英伟，2012. 农民专业合作社对农户增收绩效的实证研究［J］. 中国农村经济（9）：4-12.

张玲，王建忠，王德志，2018. 产业扶贫效果评价及路径创新研究——以肥乡区“康源模式”为例［J］. 江苏农业科学（21）：344-351.

张玲，杨露，马泰，等，2019. 农业产业扶贫效果评价研究——以平泉市食用菌产业为例［J］. 河北农业大学学报（社会科学版）（1）：83-92.

张琦，刘欣，2018. 加强“精神扶贫”助推脱贫攻坚质量提升［J］. 国家治理（5）：43-48.

张琦，杨铭宇，孔梅，2020. 2020 后相对贫困群体发生机制的探索与思考［J］. 新视野（2）：26-32，73.

张社梅，赵芝俊，2008. 对中国农业技术进步贡献率测算方法的回顾及思考［J］. 中国农学通报（2）：498-501.

张正尧，吕永辉，杨照，2018. 全国农业产业扶贫成效评价及对策分析［J］. 湖北农业科学（17）：126-129.

朱希刚，刘延风，1997. 我国农业科技进步贡献率测算方法的意见［J］. 农业技术经济（1）：17-23.

左停，2020. 脱贫攻坚与乡村振兴有效衔接的现实难题与应对策略［J］. 贵州社会科学（1）：7-10.

左停，刘文婧，李博，2019. 梯度推进与优化升级：脱贫攻坚与乡村振兴有效衔接研究［J］. 华中农业大学学报（社会科学版）（5）：21-28.

附件1　湖南省预调研情况报告

产业扶贫机制创新及增收贡献研究

——以湖南省郴州市宜章县为例

脱贫攻坚战打响以来，全国认真贯彻落实习近平总书记关于扶贫工作的重要论述和重要讲话精神，贯彻落实党中央、国务院关于打赢脱贫攻坚战三年行动的决策部署，贫困地区坚持精准扶贫精准脱贫基本方略，把发展产业作为实现脱贫的根本之策，确保如期高质量完成脱贫攻坚目标任务。截至2019年年底，全国农村贫困人口降至551万人，贫困发生率降至0.6%。本文以湖南省郴州市宜章县产业扶贫为例，研究其产业扶贫的创新实践，得出了一些值得推广和借鉴的经验做法，以期为其他贫困地区发展产业、脱贫增收提供有益的借鉴。

一、基本情况

宜章县是罗霄山片区脱贫攻坚重点县，境内70%以上属山地和高寒地区，自然条件特殊，基础条件差，抗击自然灾害能力弱，财政状况弱，整体实力差，贫困人口多，属典型的老、少、边、穷山区县。全县总人口65.48万人，其中，2014年以来累计建档立卡贫困人口76 115人，占比11.62%。近年，宜章县围绕“真扶贫、扶真贫、真脱贫”的要求，扎实推进脱贫攻坚工作。2014—2019年累计实现20 067户75 238人脱贫，80个贫困村脱贫出列，贫困发生率降至0.1%，2019年3月被湖南省政府批准整县脱贫摘帽。

二、主要做法

宜章县坚持以产业扶贫作为治本之策，以激活“造血”机能、强化内生动力为目标，立足本地产业优势，以打响脱贫攻坚战带动产业发展，不断推进脱贫攻坚战与县域产业提升提质的深度融合。在深化落实湖南省“四跟四走”战略的基础上，宜章县提出“面对市场找产业、选准产业找能人、找好能人帮穷人、能人穷人共发展”的产业扶贫路径，坚持问题导向积极改革创新，产业扶贫成效显著。

（一）创新发展优势现代农业

宜章县充分发挥地广、山多、水好的自然优势，着力发展脐橙、茶叶、油茶、小水果、规模养殖等优势现代农业，成为全国脐橙优势带建设重点县、全国生猪调出大县、全国茶业百强县、湖南省重点产烟县，被认定为首批“服务精准扶贫国家林下经济及绿色产业示范基地”。为解决产业项目同质化、不均衡的问题，2018 年宜章县制定出台《关于进一步深化产业扶贫的实施意见》，积极探索推进产业扶贫“政府＋市场主体＋贫困户＋基地＋金融保险”的五位一体模式，着力提升产业扶贫持续性、稳定性。培育省、市、县农业龙头企业 89 家，组建农民专业合作社 990 家，产业基地覆盖 246 个行政村，与 11 880 户贫困户建立利益联结机制，实现了村村有项目、有产业、有合作社。

（二）加快发展新兴工业

依托“两园四区”工业经济优势，宜章县以创建国家级经济技术开发区为统领，依托产业承接园、氟化学工业集中区两个省级园区，积极承接产业转移；出台了《宜章县贯彻落实〈湖南省支持贫困地区发展产业扩大就业的若干政策〉的实施办法》，通过财税支持、金融扶持、降低成本等优惠政策引导企业积极参与扶贫。近年，宜章县加快产业承接园和氟化学工业集中区调区扩区步伐，着力做大做强园区经济，成功引进中国中化集团有限公司、中国五矿集团有限公司、中国华电集团有限公司等央企，形成了以氟化铝、风电、电梯、LED 液晶显示屏、高精度医用橡为代表的五大新兴产业，入驻企业达到 313 家，其中世界 500 强企业 6 家，稳定吸纳 5 000 余名贫困劳动力就业。

（三）创新小额信贷赋能产业

自 2015 年正式启动扶贫小额信贷工作以来，宜章县把扶贫小额信贷作为精准扶贫精准脱贫的重要助力，着力推进扶贫小额信贷与产业扶贫的深度融合。实践中，宜章县始终遵循“贷得到、用得好、收得回、可持续”的原则，探索建立了“三级平台＋四员服务＋五步清收”工作机制，对贫困户发展产业全程保驾护航。建立“三级”服务平台，即县金融扶贫服务中心，乡镇和行政村实行金融扶贫服务中心（站）全覆盖，实行三级信息联通、数据共享、统一调度，确保“贷得到”“方便贷”；推行“四员”服务，即安排信贷管护员、产业指导员、科技特派员、电商销售员 600 余名，跟踪解决贫困户在产业发展过程中遇到的资金、政策、技术、销售等问题，确保贷款用得好、有效益；探索出贷款清收“五步法”，即宣传提醒到位、全面排查预警、及时化解风险、合理缓释风险、分类处置逾期，并提前指导制定还贷计划、督促落实还款资金，确保贫困户能按时足额还贷。宜章县贫困户获贷率接近 60%，放贷总量和贫困户获贷率均居湖南省首位。截至 2019 年 8 月，全县累计发放扶贫贷款 4.36 亿元，累计带动贫困户增收 1.33 亿元。

（四）大力发展农产品电商

宜章县以抓好农特产品产销对接为重点，大力推进电商扶贫。2019 年，宜章县建立了电子商务产业园，入驻电商企业 30 余家，逐步整合全县快递、物流、商贸配送企业现有渠道网络及运输资源，构建了一个统筹农村商贸流通、快递物流的县—乡—村三级配送体系；通过送培、自培、企培等形式分期、分批组织开展多次电子商务培训，培训人次达到 3 000 人。全县在“湖南电商扶贫小店”注册店铺 970 余家，实现全县 19 个乡镇 246 个行政村全覆盖，电商销售农产品零售额达到 1.85 亿元。2020 年宜章县深入推进电商扶贫工作，推动宜章脐橙、红心柚、杨梅干等农产品入驻湖南电商公共服务平台线上“电商扶贫特产专区”。同时，针对受新冠疫情影响滞销的农产品，宜章县积极推进“互联网＋电商”服务模式，助力滞销农产品线上销售。

三、产业扶贫的增收贡献

为更好地认识产业扶贫的增收减贫作用，课题组于 2020 年 7 月对宜章县关溪乡、梅田镇、杨梅山镇等 3 个乡镇的 4 个村，进行了座谈和问卷调查，对贫困地区农户来自产业扶贫部分的收入进行精准识别。调研发现，贫困乡村特色产业初步形成，对农民增收形成了有力的支撑。

得益于产业扶贫的政策扶持和资金投入，调研的 4 个村经过几年的发展都形成了 2～4 个支柱产业，主要包括茶叶、脐橙、水稻制种、有机蔬菜、小龙虾等特色种养业和民宿等特色乡村旅游业，每个村都设立了电商服务（扶贫）站点，以电商助推产业发展。截至 2019 年年底，宜章县村均支柱产业销售额达到 1 383 万元。相比 2015 年，村集体经济均有了显著提升，尤其是村集体产业经营收入和资产性收入，几乎是从无到有，仅此 2 项平均每个村增加收入 50 余万元。参与村支柱产业的经营户村均 114 户，其中 60％为贫困户；产业带动就业人数村均 300 余人，其中贫困劳动力约占 50％。

对调查农户的数据分析发现，产业扶贫对贫困地区农户增加收入效果显著。首先，产业扶贫对贫困地区农户的覆盖面大幅提高。调研农户中，2015 年仅有 1 户贫困户获得产业扶贫带动增收；到 2019 年，100％的贫困户均已经参与到扶贫产业发展当中。其次，产业扶贫有力支撑了贫困地区农民增收。2019 年农户家庭人均纯收入是 2015 年的 2.7 倍，扣除价格因素，实际为 2.5 倍；其中，收入增长中约有一半来自产业扶贫的贡献。再次，产业扶贫对贫困地区一般户和贫困户均有不同程度的增收作用。全部调研农户都从扶贫产业中获得了收入，产业扶贫带动的收入部分占农户 2019 年收入的 35.2％。其中，产业扶贫带动收入占贫困户家庭人均纯收入的 34％，产业扶贫带动收入占一般户家庭人均纯收入的 37％。这其中，既有产业扶贫带动的就业增收，也有直接参与经营产业获得的经营性收入，也有分红收入。最后，农民对扶贫产业前景看好。在与农民访谈中，有农户表示农民专业合作社利润分红大部分投入再生产以及建设规划当中，未来发展可能呈良好向上趋势，预期扶贫产业所带来的贡献将进一步增加。

四、借鉴与启示

产业扶贫的关键在于培育和扶持新型农业经营主体带领贫困群体共同发展产业，带动贫困群众进入市场、增加收入。产业扶贫要带领贫困群众稳定脱贫增收，核心在于如何选出有实力的带贫主体、带贫主体如何与贫困户形成紧密的利益联结、如何防范产业发展面临的各种风险，实现贫困产业稳健发展、贫困户稳定增收。从宜章县的经验看，产业稳定发挥扶贫作用的关键在于完善机制、创新机制。近年，宜章县在产业扶贫机制上积极探索创新，形成了“四评”遴选、“四员”帮扶、委托帮扶、带贫主体反抵押、“五步工作法”等创新机制，提升并稳定了带贫减贫成效。

（一）“四评”遴选机制，选准产业带贫主体

近年来，宜章县为了提升产业扶贫带贫减贫效率，探索了“四评”遴选机制，优选出实力强的带贫主体。具体而言，即利用“评企业信誉度、评企业主社会责任感、评企业发展潜力、评群众对企业满意度”的四种评价机制，并跳出农业抓扶贫，从农业、工业、第三产业中评出发展前景好、信誉佳、带动能力强的优质经济实体，按照“政府风险补偿、优质经济实体、扶贫小额信贷、电商＋贫困户”的“4＋1”的模式，与全县的贫困对象建立结对帮扶关系。截至2019年年底，全县依托脐橙、茶叶、烤烟、油茶等优势产业，遴选112家优质带贫主体和16个重点扶贫产业与15 311户贫困对象建立利益联结。

（二）“四员”帮扶机制，激发贫困户内生发展动能

“扶”是脱贫致富的外因，被扶的人自力更生才是脱贫致富的内因。宜章县坚持扶贫与扶智、扶志相结合，注重通过外因“激活内因”“催化内因”，把产业扶贫作为扶贫、扶志的重要载体，鼓励贫困户自主干、主动干、抱团干。对每个带贫主体、自主创业的贫困户建立产业发展指导员、信贷管护员、科技特派员、电商销售员“四员”跟踪帮扶机制，综合运用各类金融保险措施，及时帮助贫困户解决在产业发展中遇到的资金、技术、政策、销售等方面的问题，增强贫困户发展产业的信心和能力，实现贫困户“自愿组合、自有产业、自主经营、共同发展”。截至2019年年底，全县通过扶贫小额信贷自主创业或抱团发展的贫困户近5千户，户年均增收4 000元以上。

（三）创新利益联结机制，促进增收可持续

结合产业发展实际，宜章县创新利益联结机制，确保贫困户持续稳定增收。一是委托帮扶，按股分红。引导贫困户将财政扶持资金、小额信贷资金、闲散资金委托给优质经济主体经营，实现短期收益向长期股东的转变。2019

年，宜章县新增 5 个省级重点产业帮扶项目，对接帮扶贫困户 2 840 人，产生收益按股分配。如百捷利包装印刷公司开创“三让”模式，即“让资金变股金、让工资转股金、让收益成股金”，公司和贫困户共同投入 1 206 万元，建立资产收益扶贫生产专线，帮助 117 名残疾人和 168 名贫困人口就业，月平均工资 2 500 元，贫困户自愿将结余工资、小额信贷、扶贫专项资金的收益逐年留存公司，成为长期股金，真正实现“贫者有其股”。二是合作经营，培养贫困户自我发展能力。积极探索“龙头企业＋合作社＋基地＋贫困户”模式，通过龙头企业、农民专业合作社、经济能人带动贫困户参与产业发展，实现双方共赢。比如，宜章县盛世农业发展有限公司将流转平整后的 4 000 多亩土地交给贫困户发展林下经济，并先期垫付生产费用 1 000 元/户；农产品出产后，贫困户自主选择市场销售或公司保底收购，经营利润按贫困户 60%、公司 40%进行分配，共有 24 户贫困户通过与公司合作经营，户均年获得 3 万元收入。

（四）创新风险防控机制，促进稳定脱贫

首先，创新运用金融、保险品种防范产业风险。宜章县积极开展特色农业保险，每年县财政投入资金 100 余万元为烤烟、茶叶等产业上保险，增强扶贫产业抗风险能力；县政府注入风险补偿金 4 500 万元，首创产业扶贫合同履约保证保险，确保贫困户在企业经营困难无法兑现合同约定或遇到自然灾害等问题时利益得到保障。其次，建立资金封闭运行三方监管机制、带贫主体反抵押机制，将贫困户的资金统一纳入公司、合作社、贫困户三方在银行共同开设的账户，进行封闭运行，“四评”遴选出来的带贫产业经济实体只有在完成资产抵押后方可使用贫困户财政扶持资金和信贷资金。同时，大力推行产业对接帮扶“逐年还本＋节余本金保底收益”，将本金风险逐年分摊，最大限度降低资金风险。再次，探索小额信贷风险防控“五步法”，确保“还得起”“主动还”。近年，针对还款高峰的到来，宜章县探索出“五步工作法”，做到既可防控风险，又能因户施策，避免“一收了之”，贷款逾期率、不良率均为 0。

附件 2 贫困地区行政村调查问卷

“产业扶贫”行政村调查表

（一）行政信息

省名称		A1 省代码	
县名称		A2 县代码	
村名称	________镇________村	A3 村代码	
调查员姓名		调查员手机号	

（二）行政村产业扶贫信息表 1

编码	问题	答案
V1.	是否建档立卡贫困村（1 是　2 否）	
V2.	2019 年年底，全村常住户总户数（户）	
V3.	2019 年年底，全村常住人口总数（人）	
V4.	2019 年年底，全村常住人口中劳动力数（人）	
V5.	全村累计，建档立卡贫困户数（户）	
V6.	全村累计，建档立卡贫困人口数（人）	
V7.	截至目前，累计脱贫贫困户数（户）	
V8.	截至目前，累计脱贫贫困人口数（人）	

（三）行政村产业扶贫信息表 2

编码	问题	2015 年年底	2019 年年底
V9.	本村的产业带头人及创业致富带头人数（人）		
V10.	本村支柱产业的年度总产值（万元）		

（续）

编码	问题	2015年年底	2019年年底
V11.	本村支柱产业的年度总销售额（万元）		
V12.	本村支柱产业注册品牌、商标的数量（个）		
V13.	本村支柱产业，有多少企业或合作社参与（个）		
V14.	本村支柱产业，有多少本村农户参与了生产经营（指农户个体经营、入股经营等）（户）		
V15.	其中：多少贫困户参与了生产经营（户）		
V16.	本村支柱产业带动本村就业人数（仅指拿工资的）（人）		
V17.	其中：带动本村贫困人口就业人数（人）		
V18.	村里形成了几个稳定的支柱产业（个，没有填0）（考虑产业规模、销售渠道等，请结合下题判断）		
V19.	如果村里没有形成稳定的产业，原因是（选主要的3项）（1. 产业不成规模；2. 缺乏稳定销售渠道；3. 缺乏产品认证、品牌建设；4. 缺乏龙头企业带动；5. 缺乏合作社、能人大户带动；6. 缺乏技术人才）	a.______ b.______ c.______	a.______ b.______ c.______
V20.	如果村里形成了稳定的支柱产业，产业具体是哪方面的（1. 种植业；2. 养殖业；3. 农产品加工；4. 农家乐及乡村旅游；5. 工业加工；6. 服务业；7. 其他，请注明________）（选最主要的3个，如果没有形成稳定支柱产业，不填此题）	a.______ b.______ c.______	a.______ b.______ c.______
V21.	对应上面的支柱产业，依次预期未来5年发展情况（1. 稳定成长；2. 维持现状；3. 比较不确定）	/	a.______ b.______ c.______

（续）

编码	问题	2015年年底	2019年年底
V22.	下一步，你觉得本村要怎样发展产业才能稳定增收？（1. 提高质量，打造品牌；2. 扩大规模；3. 开拓销售渠道或发展电商；4. 让企业、合作社等大户带着小户干；5. 延长产业链；6. 增加投资，改善基础设施）（选主要3项）	/	a.____ b.____ c.____
V23.	本村集体经济收入（万元）（V23＝V24＋V25＋…＋V28）		
V24.	其中：1. 上级财政转移收入（万元）		
V25.	2. 集体产业经营性纯收入（万元）		
V26.	3. 集体资产参与产业分红、租金、土地流转收入（万元）		
V27.	4. 帮扶单位及社会帮扶、捐赠资金（万元）		
V28.	5. 其他收入（万元）		

注：有些指标可能无现成的统计数据，请根据实际情况估计并填写。该填“0”填“0”。

指标说明：

1. 问题V3“常住人口”，指实际经常居住在本村，当年累计达半年以上的人口。

2. 问题V9“产业带头人及创业致富带头人”，指不仅本人产业经营得好，而且还能够带动村里人一起干、共同致富。

3. 问题V10“总产值”，指当年以货币形式（价格×总产量）表现的产业产品的总量，反映本村产业生产总体规模。

4. 问题V11“总销售额”，指以货币形式表现（实际销售价格×销售量）的产业的销售额，反映本村产业产品的销售情况。

5. 问题V14“农户”、V15“贫困户”参与产业经营，例如，村支柱产业为茶叶种植，则指农户或贫困户自己也经营几亩茶园，或与人合伙入股经营了几十亩茶园。

6. 问题V16、V17“产业带动就业”，仅指在产业中打工挣工资的人，即包括采茶工，也包括茶园聘请的挣工资的经理或工长。与V14、V15不重复。

7. 问题V23、V24、V25、V26、V27、V28中“收入”部分，如果没有该项收入，请务必在空格内填“0”，避免遗漏。

附件3 “产业扶贫”农户调查表

您好！为了解产业扶贫带动农民增收的情况，完善国家政策，特开展此次调查，回答无对错之分，请按照自己的真实想法和实际情况回答，感谢配合！

省名称		A1 省代码	
县名称		A2 县代码	
村名称	________镇________村	A3 村代码	
户主姓名		A4 农户代码	
调查员姓名		调查员手机号	

农户表1. 农户参与产业扶贫情况

编码	问题	答案	
PH1.	农户类型（1. 一般户；2. 建档立卡贫困户；3. 已摘帽贫困户）		
	注：遇到多选题，请尽量按重要性依次填入。	2019年	2015年
PH2.	家庭人口数（人）（户籍人口，但不包括分家、出嫁的成员）		
PH3.	家庭劳动力数量（人）		
PH4.	户主文化程度（1＝文盲；2＝小学；3＝初中；4＝高中及以上）		
PH5.	是否加入了合作社（1. 是；2. 否）		
PH6.	问2. 建档立卡贫困户、3. 已摘帽贫困户，摘帽之前，曾经获得过哪些产业帮扶？（1. 技术帮扶；2. 生产资料等物资帮扶；3. 项目资金帮扶；4. 扶贫小额信贷；5. 订单等销售帮扶；6. 没有）（可多选，按重要性依次填写）	a.______ b.______ c.______ d.______ e.______	

（续）

编码	问题	答案
PH7.	问1. 一般户、3. 贫困户摘帽后，曾经获得过哪些产业扶贫帮扶？（1. 技术帮扶；2. 生产资料等物资帮扶；3. 项目资金帮扶；4. 扶贫小额信贷；5. 订单等销售帮扶；6. 没有）（可多选）	a.____ b.____ c.____ d.____ e.____
PH8.	截至2019年年底，曾经获得过哪些产业扶贫主体的带动？（1. 龙头企业；2. 一般企业；3. 合作社；4. 家庭农场、大户；5. 无企业、合作社、大户等带动。）（可多选）	a.____ b.____ c.____ d.____
PH9.	带动方式（企业、合作社等与农户的利益联结情况）（1. 订单生产联结；2. 劳务/就业联结；3. 以资金或土地等入股；4. 服务联结（企业代农户经营产业、托管代养等）；5. 无（可多选）	a.____ b.____ c.____ d.____
PH10.	获得过哪些产业发展相关的培训？（1. 产业技能培训；2. 市场营销/电商培训；3. 实用技术培训；4. 职业技能培训；5. 无）（可多选）	a.____ b.____ c.____ d.____
PH11.	将来，你觉得怎样发展产业才能稳定增收？（1. 提高质量，打造品牌；2. 扩大规模；3. 开拓销路/发展电商；4. 让企业、合作社等大户带着干；5. 提高技术技能；6. 改善基础设施）（选主要3项，按重要性依次填写）	a.____ b.____ c.____
PH12.	你对通过发展产业实现长期稳定增收的看法？（1. 非常稳定；2. 比较稳定；3. 一般；4. 比较不稳定；5. 非常不稳定）	

PH3劳动力：男子18～50周岁、女子18～45周岁，具有劳动能力的人为整劳动力；男子16～17周岁、51～60周岁，女子16～17周岁、46～55周岁，为半劳动力；超过劳动年龄，但能经常参加劳动的，算半劳动力；在校生不算。

农户表 2. 农户收入及来源

单位：元

编码	问题	2019 年收入	其中，产业扶贫带动收入	2015 年收入	其中，产业扶贫带动收入
PH13.	1.1 工资性收入：本乡内就业工资及零工收入				
PH14.	1.2 工资性收入：外出务工收入（本乡镇以外）				
PH15.	2.1 经营净收入：种植业、养殖业等第一产业净收入				
PH16.	2.2 经营净收入：采矿业、制造业、建筑业等第二产业净收入				
PH17.	2.3 经营净收入：运输、餐饮等第三产业净收入				
PH18.	3.1 财产净收入：租金收入（土地房屋等出租）				
PH19.	3.2 财产净收入：利息、分红				
PH20.	3.3 财产净收入：其他				
PH21.	4.1 转移净收入：政策性生产补贴，如退耕还林补贴等				
PH22.	4.2 转移净收入：赡养费、养老金、退休金、救济金、帮扶金等		—		—
PH23.	4.3 转移性纯收入：其他		—		—

注意：如果没有该项收入，请务必在空格内填“0”，避免遗漏。

附件 4 抽样贫困地区行政村产业扶贫情况

河 北 省

2019 年贫困地区行政村建档立卡情况										
省	县	村	是否建档立卡贫困村	常住户数（户）	常住人口数（人）	常住劳动力数（人）	建档立卡贫困户数（户）	建档立卡贫困人口数（人）	脱贫户数（户）	脱贫人口数（人）
河北省	怀安县	叶家辛窑村	是	146	584	360	50	107	50	107
		北庄堡村	是	209	497	130	198	439	198	439
		第三堡村	是	333	883	409	179	433	179	433
		新坝房村	否	340	770	460	53	83	53	83
	丰宁满族自治县	五道营村	是	650	1 560	523	349	939	349	939
		大下营村	是	214	561	279	191	462	188	453
		头道沟村	是	308	796	316	247	598	241	586
		二道营村	否	326	756	259	111	243	111	243
	张北县	德胜村	是	211	373	125	143	270	142	268
		代家村	是	113	275	230	91	195	91	195
		后大营滩村	是	74	197	124	79	129	78	128
		小二台村	否	192	586	243	49	84	43	74
	海兴县	张常丰村	是	472	1 354	287	122	254	122	254
		杨槐庄村	是	260	800	315	82	253	82	253
		辛集村	否	1 276	3 675	2 179	40	82	38	76
		小黄村	是	200	800	450	113	253	113	253

2015年贫困地区行政村支柱产业发展情况									
省	县	村	参与生产经营农户数（户）	参与生产经营贫困户数（户）	带动就业人数（人）	贫困人口就业数（人）	创业致富带头人数（人）	年度总产值（万元）	年度总销售额（万元）
河北省	怀安县	叶家辛窑村	157	50	12	12	1	90.0	170.0
		北庄堡村	23	14	10	8	2	30.0	25.0
		第三堡村	0	0	0	0	0	0	0
		新坝房村	96	11	17	11	1	168.0	168.0
	丰宁满族自治县	五道营村	142	0	0	0	8	97.0	62.0
		大下营村	0	0	0	0	1	200.0	180.0
		头道沟村	330	63	0	0	1	400.0	150.0
		二道营村	27	3	35	15	2	370.0	250.0
	张北县	德胜村	373	143	0	0	6	80.0	800.0
		代家村	125	95	0	0	4	698.5	102.8
		后大营滩村	75	35	0	0	3	156.0	120.0
		小二台村	71	35	0	0	3	146.0	92.0
	海兴县	张常丰村	0	0	0	0	1	0	0
		杨槐庄村	246	81	16	10	3	270.0	240.0
		辛集村	16	0	67	5	14	5 500.0	7 200.0
		小黄村	0	0	0	0	0	0	0

2015年贫困地区行政村支柱产业发展情况（续）								
省	县	村	注册品牌、商标的数量（个）	新型农业经营主体参与数量（个）	产业数量（个）	产业类别		
						类别1	类别2	类别3
河北省	怀安县	叶家辛窑村	2	1	3	种植业	养殖业	农家乐及乡村旅游
		北庄堡村	0	0	0			
		第三堡村	0	0	0			
		新坝房村	0	0	0			
	丰宁满族自治县	五道营村	0	0	0			
		大下营村	0	2	0			
		头道沟村	0	3	0			
		二道营村	0	1	1	种植业		
	张北县	德胜村	0	1	1	种植业		
		代家村	0	1	2	种植业	养殖业	
		后大营滩村	0	0	2	种植业	养殖业	
		小二台村	0	2	1	种植业		
	海兴县	张常丰村	0	0	0			
		杨槐庄村	0	1	1	种植业		
		辛集村	1	0	2	农家乐及乡村旅游	工业加工	
		小黄村	0	0	0			

2015年贫困地区行政村集体经济收入情况								
省	县	村	总收入（万元）	1. 财政转移收入（万元）	2. 经营性净收入（万元）	3. 财产净收入（万元）	4. 帮扶收入（万元）	5. 其他收入（万元）
河北省	怀安县	叶家辛窑村	113.8	107.1	0	5.0	0	1.7
		北庄堡村	3.0	0	0	3.0	0	0
		第三堡村	1.2	1.2	0	0	0	0
		新坝房村	0.5	0	0	0.5	0	0
	丰宁满族自治县	五道营村	38.6	23.0	0	0	13.8	1.8
		大下营村	10.0	0	0	0	10.0	0
		头道沟村	2.0	0	0	2.0	0	0
		二道营村	3.5	3.5	0	0	0	0
	张北县	德胜村	2.5	2.5	0	0	0	0
		代家村	3.0	3.0	0	0	0	0
		后大营滩村	0	0	0	0	0	0
		小二台村	3.5	3.5	0	0	0	0
	海兴县	张常丰村	0	0	0	0	0	0
		杨槐庄村	4.8	0	0	4.8	0	0
		辛集村	82.0	36.0	0	20.0	0	26.0
		小黄村	0	0	0	0	0	0

2019年贫困地区行政村支柱产业发展情况									
省	县	村	参与生产经营农户数（户）	参与生产经营贫困户数（户）	带动就业人数（人）	贫困人口就业数（人）	创业致富带头人数（人）	年度总产值（万元）	年度总销售额（万元）
河北省	怀安县	叶家辛窑村	157	24	24	24	1	300.0	900.0
		北庄堡村	35	33	18	13	8	300.0	200.0
		第三堡村	137	113	123	75	5	187.9	177.9
		新坝房村	125	24	86	24	2	580.0	580.0
	丰宁满族自治县	五道营村	34	18	34	18	15	242.0	183.0
		大下营村	9	9	12	10	3	370.0	340.0
		头道沟村	340	247	283	283	3	800.0	400.0
		二道营村	120	35	260	55	10	850.0	600.0
	张北县	德胜村	546	142	115	30	6	134.0	1 200.0
		代家村	113	91	28	26	8	1 068.7	206.3
		后大营滩村	68	40	65	65	5	334.0	215.0
		小二台村	120	30	6	0	5	236.0	178.0
	海兴县	张常丰村	15	15	15	15	1	11.0	11.0
		杨槐庄村	258	33	67	39	7	380.0	330.0
		辛集村	24	0	196	15	19	7 000.0	8 600.0
		小黄村	100	95	20	10	3	160.0	120.0

2019 年贫困地区行政村支柱产业发展情况（续）								
省	县	村	注册品牌、商标的数量（个）	新型农业经营主体参与数量（个）	产业数量（个）	如未形成产业，原因		
						原因 1	原因 2	原因 3
河北省	怀安县	叶家辛窑村	2	1	3			
		北庄堡村	1	2	3			
		第三堡村	2	0	3			
		新坝房村	0	2	1			
	丰宁满族自治县	五道营村	0	1	3			
		大下营村	0	4	3			
		头道沟村	1	3	2			
		二道营村	0	3	3			
	张北县	德胜村	2	2	2			
		代家村	1	7	5			
		后大营滩村	0	0	2			
		小二台村	0	2	2			
	海兴县	张常丰村	1	1	1			
		杨槐庄村	0	3	3			
		辛集村	3	4	5			
		小黄村	0	1	6			

2019 年贫困地区行政村产业发展预期								
省	县	村	产业 1		产业 2		产业 3	
			类别	预期	类别	预期	类别	预期
河北省	怀安县	叶家辛窑村	种植业	稳定成长	农产品加工	稳定成长	农家乐及乡村旅游	稳定成长
		北庄堡村	种植业	稳定成长	养殖业	稳定成长	农家乐及乡村旅游	维持现状
		第三堡村	种植业	稳定成长	农产品加工	稳定成长	其他	维持现状
		新坝房村	种植业	稳定成长				
	丰宁满族自治县	五道营村	养殖业	稳定成长	工业加工	稳定成长	其他	稳定成长
		大下营村	种植业	稳定成长	养殖业	稳定成长	其他	稳定成长
		头道沟村	养殖业	稳定成长	其他	稳定成长		
		二道营村	种植业	稳定成长	养殖业	稳定成长	其他	稳定成长
	张北县	德胜村	种植业	稳定成长	养殖业	稳定成长		
		代家村	种植业	稳定成长	养殖业	稳定成长	农家乐及乡村旅游	稳定成长
		后大营滩村	种植业	稳定成长	养殖业	稳定成长		
		小二台村	种植业	稳定成长	养殖业	稳定成长		
	海兴县	张常丰村	种植业	稳定成长				
		杨槐庄村	种植业	稳定成长	养殖业	稳定成长	农家乐及乡村旅游	稳定成长
		辛集村	养殖业	稳定成长	工业加工	稳定成长	服务业	稳定成长
		小黄村	养殖业	稳定成长	工业加工	稳定成长	其他	稳定成长

2019年贫困地区行政村集体经济收入情况								
省	县	村	总收入（万元）	1. 财政转移收入（万元）	2. 经营性净收入（万元）	3. 财产净收入（万元）	4. 帮扶收入（万元）	5. 其他收入（万元）
河北省	怀安县	叶家辛窑村	30.6	22.7	7.3	0	0	0.6
河北省	怀安县	北庄堡村	49.8	5.0	7.7	35.2	0	1.9
河北省	怀安县	第三堡村	62.4	9.0	19.9	33.5	0	0
河北省	怀安县	新坝房村	16.5	11.0	1.5	4.0	0	0
河北省	丰宁满族自治县	五道营村	111.9	26.4	57.8	20.0	3.0	4.7
河北省	丰宁满族自治县	大下营村	60.0	5.0	51.0	4.0	0	0
河北省	丰宁满族自治县	头道沟村	84.0	0	46.7	6.2	28.8	2.3
河北省	丰宁满族自治县	二道营村	53.4	9.0	0	36.0	8.4	0
河北省	张北县	德胜村	179.3	3.0	0	176.3	0	0
河北省	张北县	代家村	363.7	6.7	0	146.0	211.0	0
河北省	张北县	后大营滩村	56.0	56.0	0	0	0	0
河北省	张北县	小二台村	20.4	10.4	0	0	0	10.0
河北省	海兴县	张常丰村	12.6	0	0	0	0	12.6
河北省	海兴县	杨槐庄村	10.5	5.5	0	4.8	0.2	0
河北省	海兴县	辛集村	159.0	92.0	0	32.0	0	35.0
河北省	海兴县	小黄村	34.5	26.4	0	8.1	0	0

甘　肃　省

2019年贫困地区行政村建档立卡情况

省	县	村	是否建档立卡贫困村	常住户数（户）	常住人口数（人）	常住劳动力数（人）	建档立卡贫困户数（户）	建档立卡贫困人口数（人）	脱贫户数（户）	脱贫人口数（人）
甘肃省	甘谷县	金坪村	否	263	1 212	518	10	54	8	39
		铁坡山村	是	176	842	498	36	181	34	169
		苟家岘村	是	232	1 125	610	58	281	56	272
		尹家湾村	是	234	1 111	630	57	259	56	251
	静宁县	甘湾村	是	332	1 360	897	197	847	194	830
		齐埂村	是	362	1 641	493	216	985	205	966
		王坪村	否	385	1 761	754	146	581	145	576
		柳沟村	是	188	603	237	51	210	50	208
	通渭县	张湾村	是	522	2 168	1 100	274	1 252	211	999
		上阳坡村	是	276	1 194	782	80	378	75	355
		阎家湾村	是	299	1 347	867	185	865	163	783
		文化村	否	413	1 877	1 325	124	529	104	439
	永靖县	南堡村	是	490	1 946	982	278	1 086	276	1 079
		瞿家庄村	是	349	1 299	691	157	611	156	607
		徐湾村	是	178	636	414	92	358	87	337
		下塬村	否	770	3 114	1 598	115	445	115	445

2015年贫困地区行政村支柱产业发展情况									
省	县	村	参与生产经营农户数（户）	参与生产经营贫困户数（户）	带动就业人数（人）	贫困人口就业数（人）	创业致富带头人数（人）	年度总产值（万元）	年度总销售额（万元）
甘肃省	甘谷县	金坪村	258	10	0	0	1	100.0	100.0
		铁坡山村	176	36	0	0	0	100.0	100.0
		苟家岘村	75	43	86	15	1	100.0	210.0
		尹家湾村	57	57	0	0	1	120.0	254.0
	静宁县	甘湾村	30	18	0	0	0	4.5	3.9
		齐埂村	736	680	450	186	0	10.0	6.0
		王坪村	358	135	10	10	0	540.0	500.0
		柳沟村	168	42	56	32	0	221.6	185.0
	通渭县	张湾村	500	240	0	0	0	200.0	150.0
		上阳坡村	213	65	0	0	3	16.0	8.0
		阎家湾村	209	142	25	25	0	234.0	216.0
		文化村	0	0	0	0	0	0	0
	永靖县	南堡村	48	22	0	0	0	600.0	500.0
		瞿家庄村	267	145	0	0	0	1 000.0	1 000.0
		徐湾村	178	92	35	30	0	400.0	240.0
		下塬村	702	98	732	110	6	2 686.0	1 927.0

2015年贫困地区行政村支柱产业发展情况（续）								
省	县	村	注册品牌、商标的数量（个）	新型农业经营主体参与数量（个）	产业数量（个）	产业类别		
						类别1	类别2	类别3
甘肃省	甘谷县	金坪村	0	1	1	种植业		
		铁坡山村	0	0	1	种植业		
		苟家岘村	0	0	1	种植业		
		尹家湾村	0	0	2	种植业	农产品加工	
	静宁县	甘湾村	0	0	0			
		齐埂村	0	0	3	种植业	养殖业	其他
		王坪村	0	0	1	种植业		
		柳沟村	0	1	1	种植业		
	通渭县	张湾村	0	0	0			
		上阳坡村	0	1	0			
		阎家湾村	0	1	1	种植业		
		文化村	0	0	0			
	永靖县	南堡村	2	2	3	种植业	农产品加工	农家乐及乡村旅游
		瞿家庄村	0	2	1	种植业		
		徐湾村	0	1	2	种植业	养殖业	
		下塬村	0	0	2	种植业	服务业	

2015 年贫困地区行政村集体经济收入情况								
省	县	村	总收入（万元）	1. 财政转移收入（万元）	2. 经营性净收入（万元）	3. 财产净收入（万元）	4. 帮扶收入（万元）	5. 其他收入（万元）
甘肃省	甘谷县	金坪村	3.0	3.0	0	0	0	0
		铁坡山村	10.0	3.0	0	7.0	0	0
		苟家岘村	2.5	0.8	1.0	0.5	0.2	0
		尹家湾村	0	0	0	0	0	0
	静宁县	甘湾村	0	0	0	0	0	0
		齐埂村	24.0	16.0	5.0	2.0	1.0	0
		王坪村	30.0	20.0	0	0	0	10.0
		柳沟村	0	0	0	0	0	0
	通渭县	张湾村	0	0	0	0	0	0
		上阳坡村	0	0	0	0	0	0
		阎家湾村	0	0	0	0	0	0
		文化村	0	0	0	0	0	0
	永靖县	南堡村	0.2	0	0	0	0.2	0
		瞿家庄村	0	0	0	0	0	0
		徐湾村	0	0	0	0	0	0
		下塬村	14.0	13.8	0	0.2	0	0

2019年贫困地区行政村支柱产业发展情况									
省	县	村	参与生产经营农户数（户）	参与生产经营贫困户数（户）	带动就业人数（人）	贫困人口就业数（人）	创业致富带头人数（人）	年度总产值（万元）	年度总销售额（万元）
甘肃省	甘谷县	金坪村	263	10	0	0	1	200.0	200.0
		铁坡山村	176	36	0	0	3	200.0	150.0
		苟家岘村	106	58	209	73	5	650.0	1 100.0
		尹家湾村	76	57	15	11	4	256.0	421.0
	静宁县	甘湾村	185	140	12	10	3	22.4	20.0
		齐埂村	640	530	520	289	3	30.0	10.0
		王坪村	139	139	36	26	3	850.0	800.0
		柳沟村	168	42	62	38	2	547.4	520.0
	通渭县	张湾村	490	240	0	0	3	500.0	400.0
		上阳坡村	0	0	0	0	3	0	0
		阎家湾村	25	25	25	25	3	358.0	335.0
		文化村	90	30	0	0	2	400.0	400.0
	永靖县	南堡村	474	262	12	6	6	1 200.0	1 000.0
		瞿家庄村	275	148	65	51	6	2 000.0	2 000.0
		徐湾村	178	87	48	43	5	600.0	320.0
		下塬村	722	115	943	191	20	5 960.0	3 460.0

2019年贫困地区行政村支柱产业发展情况（续）								
省	县	村	注册品牌、商标的数量（个）	新型农业经营主体参与数量（个）	产业数量（个）	如未形成产业，原因		
						原因1	原因2	原因3
甘肃省	甘谷县	金坪村	1	1	1			
		铁坡山村	0	2	1			
		苟家岘村	1	3	1			
		尹家湾村	1	2	1			
	静宁县	甘湾村	0	1	3			
		齐埂村	0	2	3			
		王坪村	0	2	1			
		柳沟村	0	3	1			
	通渭县	张湾村	0	1	2			
		上阳坡村	0	0	0	不成规模	缺合作社等带动	缺技术人才
		阎家湾村	0	1	1			
		文化村	1	1	3			
	永靖县	南堡村	6	6	3			
		瞿家庄村	2	4	2			
		徐湾村	0	2	3			
		下塬村	4	12	3			

2019年贫困地区行政村产业发展预期								
省	县	村	产业1		产业2		产业3	
			类别	预期	类别	预期	类别	预期
甘肃省	甘谷县	金坪村	种植业	稳定成长				
		铁坡山村	种植业	维持现状				
		苟家岘村	种植业	稳定成长				
		尹家湾村	农产品加工	稳定成长				
	静宁县	甘湾村	种植业	稳定成长	养殖业	稳定成长	农产品加工	稳定成长
		齐埂村	种植业	稳定成长	养殖业	稳定成长	其他	稳定成长
		王坪村	种植业	稳定成长				
		柳沟村	种植业	稳定成长				
	通渭县	张湾村	种植业	稳定成长	养殖业	稳定成长		
		上阳坡村						
		阎家湾村	种植业	稳定成长				
		文化村	种植业	稳定成长	养殖业	稳定成长	农产品加工	稳定成长
	永靖县	南堡村	种植业	稳定成长	农产品加工	稳定成长	农家乐及乡村旅游	稳定成长
		瞿家庄村	种植业	稳定成长	农产品加工	稳定成长		
		徐湾村	种植业	稳定成长	养殖业	稳定成长	农产品加工	稳定成长
		下塬村	种植业	稳定成长	服务业	稳定成长	农家乐及乡村旅游	稳定成长

2019年贫困地区行政村集体经济收入情况								
省	县	村	总收入（万元）	1. 财政转移收入（万元）	2. 经营性净收入（万元）	3. 财产净收入（万元）	4. 帮扶收入（万元）	5. 其他收入（万元）
甘肃省	甘谷县	金坪村	11.3	5.0	0	5.0	0	1.3
		铁坡山村	15.0	4.0	0	11.0	0	0
		苟家岘村	11.8	0	10.0	1.8	0	0
		尹家湾村	3.0	0	0	0	3.0	0
	静宁县	甘湾村	5.1	0	2.5	1.6	1.0	0
		齐埂村	44.0	20.0	10.0	8.0	3.0	3.0
		王坪村	16.5	14.4	0	2.1	0	0
		柳沟村	9.8	7.6	0	0	0	2.2
	通渭县	张湾村	0.4	0	0	0	0	0.4
		上阳坡村	9.4	8.8	0	0	0	0.6
		阎家湾村	10.8	8.8	0	2.0	0	0
		文化村	512.0	0	0	0	0	512.0
	永靖县	南堡村	7.0	5.0	1.3	0.2	0.5	0
		瞿家庄村	5.0	0	0	5.0	0	0
		徐湾村	7.0	0	0	7.0	0	0
		下塬村	44.2	28.2	0	5.4	10.6	0

陕　西　省

2019年贫困地区行政村建档立卡情况										
省	县	村	是否建档立卡贫困村	常住户数（户）	常住人口数（人）	常住劳动力数（人）	建档立卡贫困户数（户）	建档立卡贫困人口数（人）	脱贫户数（户）	脱贫人口数（人）
陕西省	西乡县	三岔河村	是	226	670	420	100	297	99	292
		马踪滩村	是	346	1 022	721	99	282	92	275
		文溪村	是	411	1 262	680	179	537	167	519
		五丰社区	否	1 277	3 633	2 200	146	340	140	326
	紫阳县	双坪村	是	538	1 841	1 060	332	1 127	322	1 099
		大连村	是	312	1 006	312	152	456	144	442
		团堡村	是	315	1 021	612	182	511	160	482
		裴坝村	否	577	1 961	1 051	167	420	141	394
	丹凤县	双坪村	是	339	1 056	529	91	331	89	326
		大庄村	是	280	1 010	470	115	402	108	389
		梅庄村	是	226	746	276	133	490	130	486
		万湾社区	否	511	1 841	681	91	282	86	269
	宜川县	啊道村	是	192	584	326	32	100	31	99
		南头村	是	110	320	265	87	223	86	222
		王湾村	是	120	319	190	44	124	43	122
		殿头村	否	175	621	311	20	56	19	55

2015年贫困地区行政村支柱产业发展情况									
省	县	村	参与生产经营农户数（户）	参与生产经营贫困户数（户）	带动就业人数（人）	贫困人口就业数（人）	创业致富带头人数（人）	年度总产值（万元）	年度总销售额（万元）
陕西省	西乡县	三岔河村	6	3	17	12	2	100.0	85.0
		马踪滩村	0	0	0	0	0	0	0
		文溪村	262	98	786	294	6	120.0	120.0
		五丰社区	230	56	156	72	26	1 680.0	1 857.0
	紫阳县	双坪村	498	293	520	300	7	594.0	480.0
		大连村	225	118	15	10	2	680.0	600.0
		团堡村	150	83	12	3	1	328.9	259.8
		裴坝村	140	41	207	63	2	680.0	480.0
	丹凤县	双坪村	220	156	20	7	5	460.0	460.0
		大庄村	85	60	0	0	2	150.0	150.0
		梅庄村	50	29	0	0	3	200.0	200.0
		万湾社区	214	41	82	46	12	3 900.0	3 500.0
	宜川县	啊道村	162	24	16	6	0	218.0	176.0
		南头村	177	84	0	0	0	300.0	290.0
		王湾村	55	44	8	4	1	40.0	36.0
		殿头村	165	16	16	16	1	800.0	750.0

2015年贫困地区行政村支柱产业发展情况（续）								
省	县	村	注册品牌、商标的数量（个）	新型农业经营主体参与数量（个）	产业数量（个）	产业类别		
						类别1	类别2	类别3
陕西省	西乡县	三岔河村	0	1	2	种植业	养殖业	
		马踪滩村	0	0	0			
		文溪村	0	2	1	种植业		
		五丰社区	1	3	1	养殖业		
	紫阳县	双坪村	0	6	1	种植业		
		大连村	1	2	1	种植业		
		团堡村	0	1	1	种植业		
		裴坝村	1	2	1	种植业		
	丹凤县	双坪村	0	0	2	种植业		
		大庄村	0	0	2	种植业		
		梅庄村	0	0	1	种植业		
		万湾社区	2	4	3	种植业	养殖业	农家乐及乡村旅游
	宜川县	啊道村	0	0	1	种植业		
		南头村	0	0	1	种植业		
		王湾村	0	0	0			
		殿头村	0	0	1	种植业		

2015年贫困地区行政村集体经济收入情况								
省	县	村	总收入（万元）	1. 财政转移收入（万元）	2. 经营性净收入（万元）	3. 财产净收入（万元）	4. 帮扶收入（万元）	5. 其他收入（万元）
陕西省	西乡县	三岔河村	0	0	0	0	0	0
		马踪滩村	0	0	0	0	0	0
		文溪村	0	0	0	0	0	0
		五丰社区	5.5	5.5	0	0	0	0
	紫阳县	双坪村	0	0	0	0	0	0
		大连村	10	0	0	0	10.0	0
		团堡村	16.2	6.2	0	0	10.0	0
		裴坝村	0	0	0	0	0	0
	丹凤县	双坪村	0	0	0	0	0	0
		大庄村	0	0	0	0	0	0
		梅庄村	0	0	0	0	0	0
		万湾社区	0	0	0	0	0	0
	宜川县	啊道村	0	0	0	0	0	0
		南头村	0	0	0	0	0	0
		王湾村	0	0	0	0	0	0
		殿头村	0	0	0	0	0	0

2019年贫困地区行政村支柱产业发展情况									
省	县	村	参与生产经营农户数（户）	参与生产经营贫困户数（户）	带动就业人数（人）	贫困人口就业数（人）	创业致富带头人数（人）	年度总产值（万元）	年度总销售额（万元）
陕西省	西乡县	三岔河村	15	10	30	25	5	135.0	100.0
		马踪滩村	99	99	30	30	3	71.5	70.0
		文溪村	391	161	1 173	483	8	713.2	713.2
		五丰社区	450	106	330	140	45	1 800.0	2 050.0
	紫阳县	双坪村	493	287	820	500	12	960.0	900.0
		大连村	270	118	60	50	5	1 170.0	1 000.0
		团堡村	240	120	116	90	6	630.0	580.0
		裴坝村	536	102	623	213	9	1 080.0	760.0
	丹凤县	双坪村	322	272	70	48	15	1 800.0	1 800.0
		大庄村	160	103	130	30	5	560.0	560.0
		梅庄村	116	57	65	60	8	770.0	770.0
		万湾社区	511	91	196	121	16	5 600.0	5 200.0
	宜川县	啊道村	203	24	29	19	3	963.0	621.0
		南头村	177	87	0	0	3	619.5	610.0
		王湾村	69	44	12	8	3	225.0	180.0
		殿头村	175	16	16	16	3	1 000.0	970.0

2019年贫困地区行政村支柱产业发展情况（续）								
省	县	村	注册品牌、商标的数量（个）	新型农业经营主体参与数量（个）	产业数量（个）	如未形成产业，原因		
						原因1	原因2	原因3
陕西省	西乡县	三岔河村	0	3	2			
		马踪滩村	3	4	2			
		文溪村	1	5	1			
		五丰社区	2	5	4			
	紫阳县	双坪村	3	11	3			
		大连村	8	4	3			
		团堡村	3	6	3			
		裴坝村	3	7	3			
	丹凤县	双坪村	1	1	2			
		大庄村	1	2	3			
		梅庄村	1	2	1			
		万湾社区	6	7	3			
	宜川县	啊道村	0	2	1			
		南头村	0	1	1			
		王湾村	1	1	3			
		殿头村	0	2	1			

2019年贫困地区行政村产业发展预期								
省	县	村	产业1		产业2		产业3	
			类别	预期	类别	预期	类别	预期
陕西省	西乡县	三岔河村	种植业	稳定成长	养殖业	维持现状		
		马踪滩村	种植业	稳定成长	养殖业	稳定成长		
		文溪村	种植业	稳定成长				
		五丰社区	种植业	稳定成长	养殖业	稳定成长	农产品加工	稳定成长
	紫阳县	双坪村	种植业	稳定成长	养殖业	稳定成长	农产品加工	稳定成长
		大连村	种植业	稳定成长	农产品加工	稳定成长	农家乐及乡村旅游	稳定成长
		团堡村	种植业	稳定成长	养殖业	稳定成长	农产品加工	稳定成长
		裴坝村	种植业	稳定成长	养殖业	稳定成长	农产品加工	稳定成长
	丹凤县	双坪村	种植业	稳定成长	农产品加工	维持现状		
		大庄村	种植业	稳定成长	农产品加工	稳定成长	服务业	比较不确定
		梅庄村	养殖业	稳定成长				
		万湾社区	种植业	稳定成长	农产品加工	稳定成长	农家乐及乡村旅游	稳定成长
	宜川县	啊道村	种植业	稳定成长				
		南头村	种植业	稳定成长				
		王湾村	种植业	稳定成长	养殖业	稳定成长	农家乐及乡村旅游	稳定成长
		殿头村	种植业	稳定成长				

2019年贫困地区行政村集体经济收入情况								
省	县	村	总收入（万元）	1. 财政转移收入（万元）	2. 经营性净收入（万元）	3. 财产净收入（万元）	4. 帮扶收入（万元）	5. 其他收入（万元）
陕西省	西乡县	三岔河村	175.0	125.0	50.0	0	0	0
		马踪滩村	58.8	50.0	4.0	4.8	0	0
		文溪村	80.6	75.0	0.5	5.1	0	0
		五丰社区	53.5	5.5	18.0	5.0	10.0	15.0
	紫阳县	双坪村	176.0	155.0	0	11.0	10.0	0
		大连村	85.0	65.0	0	0	20.0	0
		团堡村	118.9	67.8	7.7	5.4	38.0	0
		裴坝村	220.5	200.0	20.0	0.5	0	0
	丹凤县	双坪村	115.4	100.0	0	12.4	3.0	0
		大庄村	381.0	360.0	21.0	0	0	0
		梅庄村	168.1	160.0	8.1	0	0	0
		万湾社区	182.0	180.0	2.0	0	0	0
	宜川县	啊道村	6.8	0	1.3	3.1	0	2.4
		南头村	6.6	0	5.0	0.2	0	1.4
		王湾村	5.3	0	0.9	4.4	0	0
		殿头村	1.8	0	0	1.0	0	0.8

湖　南　省

2019年贫困地区行政村建档立卡情况										
省	县	村	是否建档立卡贫困村	常住户数（户）	常住人口数（人）	常住劳动力数（人）	建档立卡贫困户数（户）	建档立卡贫困人口数（人）	脱贫户数（户）	脱贫人口数（人）
湖南省	城步苗族自治县	金兴村	是	617	2 415	1 148	121	450	109	415
		竹联村	否	425	1 641	850	87	342	83	331
		塔溪村	是	462	1 936	1 050	133	590	126	569
		和平村	是	221	959	634	113	440	110	433
	通道侗族自治县	远冲村	否	235	908	543	49	209	46	199
		皇都村	是	775	3 062	1 839	168	714	160	686
		芋头村	是	596	2 711	1 250	187	785	176	761
		地坪村	是	205	671	215	47	205	47	205
	泸溪县	麻溪口村	是	565	1 898	854	147	602	139	587
		下都村	是	187	699	357	91	398	89	390
		甘田坪村	是	650	2 915	720	72	249	63	222
		黑塘村	否	472	1 831	680	189	671	182	658
	平江县	凤凰山村	是	1 226	4 306	1 984	581	2 201	554	2 127
		三里村	是	557	2015	848	147	511	143	503
		金安村	是	673	1 948	876	113	349	108	342
		杨林街村	否	750	3 071	1 585	84	286	83	283

2015年贫困地区行政村支柱产业发展情况									
省	县	村	参与生产经营农户数（户）	参与生产经营贫困户数（户）	带动就业人数（人）	贫困人口就业数（人）	创业致富带头人数（人）	年度总产值（万元）	年度总销售额（万元）
湖南省	城步苗族自治县	金兴村	75	36	61	35	11	20.0	20.0
		竹联村	117	87	26	5	2	320.0	20.0
		塔溪村	105	63	16	10	16	50.0	50.0
		和平村	0	0	0	0	0	0	0
	通道侗族自治县	远冲村	235	49	16	9	6	310.0	240.0
		皇都村	775	168	130	41	10	1 560.0	1 300.0
		芋头村	316	54	25	12	35	1 200.0	1 100.0
		地坪村	126	21	15	7	12	200.0	150.0
	泸溪县	麻溪口村	246	72	120	60	4	236.0	188.0
		下都村	105	80	160	70	4	312.0	278.0
		甘田坪村	315	35	85	25	16	425.0	400.0
		黑塘村	310	110	210	59	3	2 100.0	1 800.0
	平江县	凤凰山村	156	22	68	23	2	489.0	121.0
		三里村	68	14	130	43	2	120.0	74.0
		金安村	112	23	218	35	2	200.0	125.0
		杨林街村	160	12	832	87	5	2 000.0	1 700.0

2015年贫困地区行政村支柱产业发展情况（续）								
省	县	村	注册品牌、商标的数量（个）	新型农业经营主体参与数量（个）	产业数量（个）	产业类别		
						类别1	类别2	类别3
湖南省	城步苗族自治县	金兴村	0	5	1	种植业		
		竹联村	2	2	2	种植业	养殖业	
		塔溪村	1	2	2	种植业	农家乐及乡村旅游	
		和平村	0	0	0			
	通道侗族自治县	远冲村	0	1	1	种植业		
		皇都村	1	4	1	农家乐及乡村旅游		
		芋头村	1	12	2	种植业	农家乐及乡村旅游	
		地坪村	0	1	1	种植业		
	泸溪县	麻溪口村	0	2	2	种植业	养殖业	
		下都村	1	2	2	种植业	养殖业	
		甘田坪村	0	2	2	种植业	养殖业	
		黑塘村	0	4	1	种植业		
	平江县	凤凰山村	0	0	2	养殖业	农产品加工	
		三里村	0	1	0			
		金安村	0	2	1	养殖业		
		杨林街村	2	3	2	种植业	工业加工	

2015年贫困地区行政村集体经济收入情况								
省	县	村	总收入（万元）	1. 财政转移收入（万元）	2. 经营性净收入（万元）	3. 财产净收入（万元）	4. 帮扶收入（万元）	5. 其他收入（万元）
湖南省	城步苗族自治县	金兴村	9.0	7.0	0	0	2.0	0
		竹联村	6.0	4.0	0	0	0	2.0
		塔溪村	40.3	20.0	10.0	0.3	10.0	0
		和平村	9.1	7.1	0	0	2.0	0
	通道侗族自治县	远冲村	2.0	0	0	0	0	2.0
		皇都村	5.0	0	0	5.0	0	0
		芋头村	5.0	0	0	5.0	0	0
		地坪村	0.7	0	0	0.7	0	0
	泸溪县	麻溪口村	0	0	0	0	0	0
		下都村	3.6	2.8	0	0.8	0	0
		甘田坪村	0.5	0	0	0	0	0.5
		黑塘村	0.3	0	0	0.3	0	0
	平江县	凤凰山村	14.0	5.0	7.0	0	2.0	0
		三里村	3.5	3.5	0	0	0	0
		金安村	4.0	4.0	0	0	0	0
		杨林街村	7.0	3.0	0	1.0	0	3.0

2019年贫困地区行政村支柱产业发展情况									
省	县	村	参与生产经营农户数（户）	参与生产经营贫困户数（户）	带动就业人数（人）	贫困人口就业数（人）	创业致富带头人数（人）	年度总产值（万元）	年度总销售额（万元）
湖南省	城步苗族自治县	金兴村	316	121	263	105	15	300.0	300.0
		竹联村	126	87	77	28	6	2 515.0	1 460.0
		塔溪村	256	121	21	16	16	600.0	600.0
		和平村	136	92	100	90	6	120.0	80.0
	通道侗族自治县	远冲村	235	49	20	10	11	600.0	510.0
		皇都村	775	168	356	146	36	5 000.0	4 110.0
		芋头村	596	187	86	56	85	2 830.0	2 700.0
		地坪村	185	47	65	40	32	650.0	580.0
	泸溪县	麻溪口村	535	147	340	220	56	3 850.0	3 465.0
		下都村	155	91	209	136	35	1 800.0	1 800.0
		甘田坪村	575	72	296	108	29	1 280.0	1 088.0
		黑塘村	435	189	380	160	48	5 900.0	4 720.0
	平江县	凤凰山村	976	581	421	256	7	885.0	241.0
		三里村	501	68	411	235	7	625.0	531.0
		金安村	580	113	428	55	3	320.0	250.0
		杨林街村	670	78	955	107	20	4 100.0	3 800.0

2019年贫困地区行政村支柱产业发展情况（续）								
省	县	村	注册品牌、商标的数量（个）	新型农业经营主体参与数量（个）	产业数量（个）	如未形成产业，原因		
						原因1	原因2	原因3
湖南省	城步苗族自治县	金兴村	1	9	4			
		竹联村	6	6	3			
		塔溪村	1	3	2			
		和平村	0	2	2			
	通道侗族自治县	远冲村	0	3	2			
		皇都村	1	12	3			
		芋头村	3	18	3			
		地坪村	2	4	2			
	泸溪县	麻溪口村	2	7	6			
		下都村	2	8	2			
		甘田坪村	2	4	2			
		黑塘村	3	10	6			
	平江县	凤凰山村	1	2	3			
		三里村	1	2	3			
		金安村	1	3	2			
		杨林街村	7	10	4			

2019年贫困地区行政村产业发展预期								
省	县	村	产业1		产业2		产业3	
			类别	预期	类别	预期	类别	预期
湖南省	城步苗族自治县	金兴村	种植业	稳定成长	养殖业	稳定成长	农家乐及乡村旅游	稳定成长
		竹联村	种植业	稳定成长	养殖业	稳定成长	工业加工	稳定成长
		塔溪村	种植业	稳定成长	农家乐及乡村旅游	稳定成长		
		和平村	种植业	稳定成长	养殖业	稳定成长		
	通道侗族自治县	远冲村	种植业	稳定成长	养殖业	稳定成长		
		皇都村	种植业	稳定成长	农家乐及乡村旅游	稳定成长	服务业	稳定成长
		芋头村	种植业	稳定成长	农家乐及乡村旅游	稳定成长	服务业	稳定成长
		地坪村	种植业	稳定成长	农产品加工	稳定成长		
	泸溪县	麻溪口村	种植业	稳定成长	养殖业	维持现状	农家乐及乡村旅游	稳定成长
		下都村	种植业	稳定成长	养殖业	稳定成长		
		甘田坪村	种植业	稳定成长	养殖业	稳定成长		
		黑塘村	种植业	稳定成长	养殖业	稳定成长	农家乐及乡村旅游	稳定成长
	平江县	凤凰山村	种植业	稳定成长	养殖业	稳定成长	农产品加工	稳定成长
		三里村	种植业	稳定成长	养殖业	稳定成长	农产品加工	稳定成长
		金安村	种植业	稳定成长	养殖业	稳定成长		
		杨林街村	种植业	稳定成长	农家乐及乡村旅游	稳定成长	工业加工	稳定成长

2019年贫困地区行政村集体经济收入情况								
省	县	村	总收入（万元）	1. 财政转移收入（万元）	2. 经营性净收入（万元）	3. 财产净收入（万元）	4. 帮扶收入（万元）	5. 其他收入（万元）
湖南省	城步苗族自治县	金兴村	73.3	10.5	5.0	1.8	56.0	0
		竹联村	9.0	6.0	0	0	0	3.0
		塔溪村	67.3	40.0	15.0	0.3	12.0	0
		和平村	26.1	16.1	5.0	0	5.0	0
	通道侗族自治县	远冲村	6.3	0	1.0	1.5	0	3.8
		皇都村	25.0	0	0	23.0	2.0	0
		芋头村	94.0	0	19.0	35.0	40.0	0
		地坪村	10.0	0	7.3	0.7	2.0	0
	泸溪县	麻溪口村	19.9	0	15.9	3.0	1.0	0
		下都村	15.3	2.8	5.7	0.8	6.0	0
		甘田坪村	9.7	2.0	6.5	0	0	1.2
		黑塘村	8.8	0	0	0.3	8.5	0
	平江县	凤凰山村	25.5	13.0	11.3	0	1.2	0
		三里村	42.1	11.6	4.5	6.0	20.0	0
		金安村	29.0	11.0	4.0	4.0	10.0	0
		杨林街村	39.5	16.0	4.5	3.0	1.0	15.0

四　川　省

2019 年贫困地区行政村建档立卡情况

省	县	村	是否建档立卡贫困村	常住户数（户）	常住人口数（人）	常住劳动力数（人）	建档立卡贫困户数（户）	建档立卡贫困人口数（人）	脱贫户数（户）	脱贫人口数（人）
四川省	叙永县	天元村	是	671	2 344	543	163	669	163	669
		芦稿村	是	375	1 123	533	112	502	106	489
		寨和村	是	446	1 745	847	122	515	121	513
		清凉洞村	否	625	2 233	1 200	78	273	76	257
	屏山县	万涡村	是	289	855	713	78	317	78	317
		白果村	是	92	338	173	25	100	25	100
		茶叶村	是	170	709	350	34	134	34	134
		平和村	否	295	704	286	29	139	29	139
	喜德县	坛罐窑村	是	520	1 980	560	87	383	83	370
		五合村	否	522	2 030	1 037	134	336	55	173
		尔吉村	是	275	1 113	550	71	329	71	325
		铁口村	是	202	859	360	98	443	96	433
	阆中县	桥亭村	否	455	904	378	28	76	28	76
		鹤林村	是	279	513	158	35	116	34	104
		杨家河村	是	201	612	293	95	336	95	336
		五龙村	是	420	1 538	959	49	155	49	155

2015年贫困地区行政村支柱产业发展情况									
省	县	村	参与生产经营农户数（户）	参与生产经营贫困户数（户）	带动就业人数（人）	贫困人口就业数（人）	创业致富带头人数（人）	年度总产值（万元）	年度总销售额（万元）
四川省	叙永县	天元村	20	20	50	30	2	380.0	300.0
		芦稿村	100	20	50	20	2	1.0	0.2
		寨和村	0	0	0	0	0	0	0
		清凉洞村	12	12	26	15	2	300.0	280.0
	屏山县	万涡村	271	72	100	20	2	550.0	500.0
		白果村	18	6	0	0	0	40.0	38.0
		茶叶村	14	0	5	5	1	800.0	500.0
		平和村	272	27	50	20	5	500.0	480.0
	喜德县	坛罐窑村	100	20	70	50	2	1.0	0.2
		五合村	6	0	4	0	0	10.0	0
		尔吉村	245	71	0	0	1	100.0	80.0
		铁口村	0	0	0	0	0	100.0	120.0
	阆中县	桥亭村	373	22	20	6	3	330.0	360.0
		鹤林村	0	0	0	0	1	0	0
		杨家河村	0	0	0	0	0	0	0
		五龙村	4	0	20	0	5	100.0	50.0

2015年贫困地区行政村支柱产业发展情况（续）								
省	县	村	注册品牌、商标的数量（个）	新型农业经营主体参与数量（个）	产业数量（个）	产业类别		
						类别1	类别2	类别3
四川省	叙永县	天元村	2	2	2	养殖业	其他	
		芦稿村	0	1	0			
		寨和村	0	0	0			
		清凉洞村	1	1	1	种植业		
	屏山县	万涡村	0	2	0			
		白果村	0	0	0			
		茶叶村	1	1	0			
		平和村	1	0	3	种植业	养殖业	服务业
	喜德县	坛罐窑村	0	1	0			
		五合村	0	0	0			
		尔吉村	0	0	3	种植业	养殖业	农产品加工
		铁口村	0	0	0			
	阆中县	桥亭村	1	1	1	种植业		
		鹤林村	0	0	1	种植业		
		杨家河村	0	0	0			
		五龙村	5	1	1	种植业		

2015年贫困地区行政村集体经济收入情况								
省	县	村	总收入（万元）	1. 财政转移收入（万元）	2. 经营性净收入（万元）	3. 财产净收入（万元）	4. 帮扶收入（万元）	5. 其他收入（万元）
四川省	叙永县	天元村	0	0	0	0	0	0
		芦稿村	0	0	0	0	0	0
		寨和村	0	0	0	0	0	0
		清凉洞村	0	0	0	0	0	0
	屏山县	万涡村	5.0	0	0	5.0	0	0
		白果村	0	0	0	0	0	0
		茶叶村	0	0	0	0	0	0
		平和村	0.2	0	0	0.2	0	0
	喜德县	坛罐窑村	0	0	0	0	0	0
		五合村	10.0	0	0	10.0	0	0
		尔吉村	0	0	0	0	0	0
		铁口村	0	0	0	0	0	0
	阆中县	桥亭村	0	0	0	0	0	0
		鹤林村	7.7	3.0	0	1.7	2.0	1.0
		杨家河村	10.0	0	0	0	10.0	0
		五龙村	0.2	0	0	0.2	0	0

2019年贫困地区行政村支柱产业发展情况									
省	县	村	参与生产经营农户数（户）	参与生产经营贫困户数（户）	带动就业人数（人）	贫困人口就业数（人）	创业致富带头人数（人）	年度总产值（万元）	年度总销售额（万元）
四川省	叙永县	天元村	163	163	95	56	3	480.0	450.0
		芦稿村	300	45	400	200	20	50.0	40.0
		寨和村	380	122	0	0	3	130.0	110.0
		清凉洞村	118	78	118	68	5	520.0	520.0
	屏山县	万涡村	289	76	120	30	4	1 700.0	1 600.0
		白果村	92	25	58	34	3	600.0	580.0
		茶叶村	146	34	20	20	30	1 200.0	800.0
		平和村	280	27	195	40	8	2 200.0	2 150.0
	喜德县	坛罐窑村	150	87	500	100	2	105.0	30.0
		五合村	52	36	152	106	2	110.0	15.8
		尔吉村	275	71	0	0	14	200.0	160.0
		铁口村	98	98	100	60	3	200.0	260.0
	阆中县	桥亭村	430	22	100	20	10	500.0	510.0
		鹤林村	183	34	38	26	3	520.0	490.0
		杨家河村	185	95	62	52	5	300.0	220.0
		五龙村	75	49	365	35	26	3 500.0	2 300.0

2019年贫困地区行政村支柱产业发展情况（续）								
省	县	村	注册品牌、商标的数量（个）	新型农业经营主体参与数量（个）	产业数量（个）	如未形成产业，原因		
						原因1	原因2	原因3
四川省	叙永县	天元村	2	3	3			
		芦稿村	1	3	1			
		寨和村	0	1	1			
		清凉洞村	3	3	1			
	屏山县	万涡村	0	4	3			
		白果村	0	1	1			
		茶叶村	1	1	1			
		平和村	1	4	3			
	喜德县	坛罐窑村	1	3	1			
		五合村	1	1	3			
		尔吉村	0	1	3			
		铁口村	0	1	2			
	阆中县	桥亭村	1	3	2			
		鹤林村	0	2	2			
		杨家河村	1	1	3			
		五龙村	26	10	7			

2019 年贫困地区行政村产业发展预期								
省	县	村	产业 1		产业 2		产业 3	
			类别	预期	类别	预期	类别	预期
四川省	叙永县	天元村	种植业	稳定成长	养殖业	稳定成长	其他	稳定成长
		芦稿村	种植业	稳定成长				
		寨和村	养殖业	稳定成长				
		清凉洞村	种植业	稳定成长				
	屏山县	万涡村	种植业	稳定成长	养殖业	稳定成长	农产品加工	稳定成长
		白果村	种植业	稳定成长				
		茶叶村	种植业	稳定成长				
		平和村	种植业	稳定成长	养殖业	稳定成长	服务业	稳定成长
	喜德县	坛罐窑村	种植业	稳定成长				
		五合村	种植业	稳定成长	养殖业	稳定成长	农产品加工	稳定成长
		尔吉村	种植业	稳定成长	养殖业	稳定成长	农产品加工	稳定成长
		铁口村	种植业	维持现状	养殖业	比较不确定		
	阆中县	桥亭村	种植业	稳定成长	农家乐及乡村旅游	稳定成长		
		鹤林村	种植业	稳定成长	养殖业	稳定成长		
		杨家河村	养殖业	稳定成长	农家乐及乡村旅游	稳定成长	农产品加工	稳定成长
		五龙村	种植业	稳定成长	农家乐及乡村旅游	稳定成长	服务业	稳定成长

2019年贫困地区行政村集体经济收入情况								
省	县	村	总收入（万元）	1. 财政转移收入（万元）	2. 经营性净收入（万元）	3. 财产净收入（万元）	4. 帮扶收入（万元）	5. 其他收入（万元）
四川省	叙永县	天元村	6.6	0	0	6.6	0	0
		芦稿村	18.5	2.0	10.5	6.0	0	0
		寨和村	5.4	0	0.3	5.0	0	0.1
		清凉洞村	4.0	0	3.0	0.6	0.4	0
	屏山县	万涡村	11.0	0	0	11.0	0	0
		白果村	2.3	0	0	2.3	0	0
		茶叶村	0.6	0	0	0.6	0	0
		平和村	0.3	0	0	0.3	0	0
	喜德县	坛罐窑村	30.0	2.0	10.0	6.0	12.0	0
		五合村	137.8	29.0	10.8	48.0	0	50.0
		尔吉村	1.8	0	0	0	0	1.8
		铁口村	0	0	0	0	0	0
	阆中县	桥亭村	0	0	0	0	0	0
		鹤林村	23.7	14.6	0	2.1	5.0	2.0
		杨家河村	96.0	0	80.0	11.0	5.0	0
		五龙村	27.5	0	2.0	24.0	0	1.5

贵　州　省

2019年贫困地区行政村建档立卡情况										
省	县	村	是否建档立卡贫困村	常住户数（户）	常住人口数（人）	常住劳动力数（人）	建档立卡贫困户数（户）	建档立卡贫困人口数（人）	脱贫户数（户）	脱贫人口数（人）
贵州省	镇宁布依族苗族自治县	永和村	是	369	1 543	850	30	94	30	94
		播西村	是	493	1 477	645	327	1 435	327	1 435
		高荡村	否	457	2 145	1 214	31	118	31	118
		广益村	是	274	1 091	645	203	876	203	876
	从江县	宰船村	否	131	591	326	55	227	48	210
		秋新村	是	248	1 154	667	112	509	65	289
		关雄村	是	336	1 614	659	269	1 295	252	1 283
		党翁村	是	175	744	376	110	414	97	395
	三都水族自治县	重阳村	是	973	3 924	1 056	521	2 043	479	1 955
		新合村	是	920	3 071	1 781	579	2 651	537	2 578
		扬拱村	是	1 511	6 925	3 671	682	3 150	617	3 024
		三愿村	否	543	2 351	1 219	223	1 045	196	987
	赫章县	大茶村	是	208	1 046	453	52	234	42	214
		半边街村	是	265	1 109	486	45	220	37	203
		钱家寨村	否	446	1 729	629	77	359	64	302
		河泉社区	是	425	2 041	872	140	705	126	673

2015年贫困地区行政村支柱产业发展情况									
省	县	村	参与生产经营农户数（户）	参与生产经营贫困户数（户）	带动就业人数（人）	贫困人口就业数（人）	创业致富带头人数（人）	年度总产值（万元）	年度总销售额（万元）
贵州省	镇宁布依族苗族自治县	永和村	200	30	0	0	10	100.0	95.0
		播西村	0	0	0	0	0	0	0
		高荡村	4	0	0	0	2	11.0	8.0
		广益村	75	36	0	0	1	50.0	60.0
	从江县	宰船村	40	22	126	56	10	120.0	80.0
		秋新村	0	0	0	0	2	0	0
		关雄村	131	130	0	0	5	54.0	26.0
		党翁村	40	20	0	0	2	5.0	4.0
	三都水族自治县	重阳村	728	85	0	0	0	0	0
		新合村	98	98	137	30	3	0	0
		扬拱村	0	0	0	0	0	0	0
		三愿村	0	0	0	0	5	0	0
	赫章县	大茶村	55	12	42	12	0	108.0	378.0
		半边街村	0	0	0	0	2	128.0	64.0
		钱家寨村	0	0	0	0	4	0	0
		河泉社区	126	116	54	43	2	115.0	406.0

2015年贫困地区行政村支柱产业发展情况（续）

省	县	村	注册品牌、商标的数量（个）	新型农业经营主体参与数量（个）	产业数量（个）	产业类别		
						类别1	类别2	类别3
贵州省	镇宁布依族苗族自治县	永和村	0	2	0			
		播西村	0	0	0			
		高荡村	0	2	1	农家乐及乡村旅游		
		广益村	0	0	1	种植业		
	从江县	宰船村	0	0	1	种植业		
		秋新村	0	0	0			
		关雄村	0	0	0			
		党翁村	0	0	0			
	三都水族自治县	重阳村	0	0	0			
		新合村	0	1	1	种植业		
		扬拱村	0	0	0			
		三愿村	0	0	0			
	赫章县	大茶村	0	1	0			
		半边街村	0	0	0			
		钱家寨村	0	0	0			
		河泉社区	0	1	0			

2015 年贫困地区行政村集体经济收入情况								
省	县	村	总收入（万元）	1. 财政转移收入（万元）	2. 经营性净收入（万元）	3. 财产净收入（万元）	4. 帮扶收入（万元）	5. 其他收入（万元）
贵州省	镇宁布依族苗族自治县	永和村	0	0	0	0	0	0
		播西村	10.0	0	0	0	10.0	0
		高荡村	89.0	21.0	0	0	68.0	0
		广益村	12.0	2.0	0	10.0	0	0
	从江县	宰船村	2.0	0	0	0	0	2.0
		秋新村	4.6	4.6	0	0	0	0
		关雄村	3.5	2.0	1.5	0	0	0
		党翁村	1.5	0.3	1.2	0	0	0
	三都水族自治县	重阳村	0	0	0	0	0	0
		新合村	0	0	0	0	0	0
		扬拱村	0	0	0	0	0	0
		三愿村	0	0	0	0	0	0
	赫章县	大茶村	35.0	35.0	0	0	0	0
		半边街村	0	0	0	0	0	0
		钱家寨村	1.0	1.0	0	0	0	0
		河泉社区	42.0	42.0	0	0	0	0

2019年贫困地区行政村支柱产业发展情况

省	县	村	参与生产经营农户数（户）	参与生产经营贫困户数（户）	带动就业人数（人）	贫困人口就业数（人）	创业致富带头人数（人）	年度总产值（万元）	年度总销售额（万元）
贵州省	镇宁布依族苗族自治县	永和村	280	30	8	4	15	600.0	500.0
		播西村	8	0	73	60	8	20.0	10.0
		高荡村	14	4	46	6	6	340.0	340.0
		广益村	140	120	0	0	5	300.0	180.0
	从江县	宰船村	51	26	275	105	20	200.0	105.0
		秋新村	71	71	14	7	10	295.7	120.0
		关雄村	201	199	0	0	13	96.0	57.6
		党翁村	175	110	15	9	6	86.0	71.0
	三都水族自治县	重阳村	728	85	0	0	3	8.0	5.0
		新合村	288	279	214	78	0	30.0	10.0
		扬拱村	406	386	53	46	10	1 150.0	1 040.0
		三愿村	668	223	34	19	23	110.0	30.0
	赫章县	大茶村	102	25	80	20	3	72.0	252.0
		半边街村	6	6	50	11	6	640.0	320.0
		钱家寨村	372	77	80	43	8	8 000.0	4 470.0
		河泉社区	580	526	73	44	6	83.0	92.0

2019 年贫困地区行政村支柱产业发展情况（续）

省	县	村	注册品牌、商标的数量（个）	新型农业经营主体参与数量（个）	产业数量（个）	如未形成产业，原因		
						原因 1	原因 2	原因 3
贵州省	镇宁布依族苗族自治县	永和村	2	7	3			
		播西村	0	4	0	不成规模	缺销售渠道	缺产品认证、品牌建设
		高荡村	0	2	1			
		广益村	1	1	1			
	从江县	宰船村	0	2	1			
		秋新村	0	1	2			
		关雄村	0	2	0	缺销售渠道	缺产品认证、品牌建设	缺龙头企业带动
		党翁村	1	3	4			
	三都水族自治县	重阳村	0	1	1			
		新合村	1	3	3			
		扬拱村	0	3	3			
		三愿村	0	7	2			
	赫章县	大茶村	0	2	1			
		半边街村	1	2	2			
		钱家寨村	1	6	1			
		河泉社区	0	2	1			

2019年贫困地区行政村产业发展预期								
省	县	村	产业1		产业2		产业3	
			类别	预期	类别	预期	类别	预期
贵州省	镇宁布依族苗族自治县	永和村	种植业	稳定成长	养殖业	稳定成长	农产品加工	稳定成长
		播西村						
		高荡村	农家乐及乡村旅游	比较不确定				
		广益村	种植业	稳定成长				
	从江县	宰船村	种植业	稳定成长				
		秋新村	种植业	稳定成长	养殖业	稳定成长		
		关雄村						
		党翁村	种植业	稳定成长	养殖业	稳定成长	农家乐及乡村旅游	稳定成长
	三都水族自治县	重阳村	种植业	稳定成长				
		新合村	种植业	稳定成长	养殖业	稳定成长	服务业	稳定成长
		扬拱村	种植业	稳定成长	养殖业	稳定成长	农产品加工	稳定成长
		三愿村	种植业	稳定成长	养殖业	稳定成长		
	赫章县	大茶村	种植业	维持现状				
		半边街村	种植业	稳定成长	农产品加工	稳定成长		
		钱家寨村	种植业	稳定成长				
		河泉社区	种植业	维持现状				

2019年贫困地区行政村集体经济收入情况								
省	县	村	总收入（万元）	1. 财政转移收入（万元）	2. 经营性净收入（万元）	3. 财产净收入（万元）	4. 帮扶收入（万元）	5. 其他收入（万元）
贵州省	镇宁布依族苗族自治县	永和村	180.6	0	0	10.6	170.0	0
		播西村	60.0	0	20.0	10.0	30.0	0
		高荡村	64.0	54.0	10.0	0	0	0
		广益村	40.0	2.0	0	38.0	0	0
	从江县	宰船村	3.0	0	1.0	0	0	2.0
		秋新村	438.6	80.0	18.6	0	340.0	0
		关雄村	337.5	3.0	4.4	0	330.1	0
		党翁村	24.0	0	18.0	6.0	0	0
	三都水族自治县	重阳村	3.7	0	0	3.7	0	0
		新合村	128.5	54.5	21.0	9.0	44.0	0
		扬拱村	23.8	0	0	23.8	0	0
		三愿村	8.0	0	8.0	0	0	0
	赫章县	大茶村	145.0	126.5	18.5	0	0	0
		半边街村	85.3	80.0	0	5.3	0	0
		钱家寨村	4.0	1.0	0	3.0	0	0
		河泉社区	17.5	17.5	0	0	0	0

云　南　省

2019年贫困地区行政村建档立卡情况

省	县	村	是否建档立卡贫困村	常住户数（户）	常住人口数（人）	常住劳动力数（人）	建档立卡贫困户数（户）	建档立卡贫困人口数（人）	脱贫户数（户）	脱贫人口数（人）
云南省	墨江哈尼族自治县	路水村	否	317	1 336	880	10	38	7	26
		竜凯村	是	404	1 627	974	148	521	142	503
		新华村	是	463	1 763	1 200	125	448	121	435
		雅邑村	是	530	2 504	1 437	260	1 050	248	1 009
	凤庆县	锦秀村	是	706	2 595	1 247	208	759	208	759
		新林村	是	744	3 095	1 927	61	209	61	209
		清水村	是	627	2 183	1 437	204	764	204	764
		安石村	否	810	3 212	2 113	70	206	70	206
	巍山彝族回族自治县	民建村	是	750	2 932	1 871	117	438	117	438
		牛街村	否	934	2 603	1 655	147	481	147	481
		民强村	否	402	1 649	1 050	150	639	150	639
		红旗村	是	865	3 071	1 813	154	544	154	544
	福贡县	达普洛村	是	687	2 510	1 553	442	1 631	362	1 389
		米俄洛村	是	544	2 143	1 168	322	1 287	322	1 287
		老姆登村	是	388	1 266	648	174	627	172	616
		古当村	是	373	1 329	842	275	972	240	846

2015年贫困地区行政村支柱产业发展情况									
省	县	村	参与生产经营农户数（户）	参与生产经营贫困户数（户）	带动就业人数（人）	贫困人口就业数（人）	创业致富带头人数（人）	年度总产值（万元）	年度总销售额（万元）
云南省	墨江哈尼族自治县	路水村	282	0	7	0	1	941.0	936.0
		竜凯村	393	145	8	3	2	509.4	433.0
		新华村	297	110	120	104	2	628.0	558.0
		雅邑村	529	229	11	6	2	1 198.6	924.9
	凤庆县	锦秀村	695	208	854	759	5	1 500.0	1 400.0
		新林村	730	35	670	20	6	1 825.0	1 095.0
		清水村	152	35	108	26	1	730.0	700.0
		安石村	800	69	120	5	15	2 914.0	995.0
	巍山彝族回族自治县	民建村	750	117	0	0	0	1 200.0	900.0
		牛街村	220	45	270	126	6	2 986.0	2 695.0
		民强村	180	150	50	20	4	620.0	500.0
		红旗村	827	156	0	0	6	1 820.0	1 274.0
	福贡县	达普洛村	0	0	0	0	2	20.0	20.0
		米俄洛村	0	0	0	0	2	450.0	450.0
		老姆登村	138	74	200	60	7	200.0	150.0
		古当村	373	275	99	97	0	180.0	200.0

2015年贫困地区行政村支柱产业发展情况（续）								
省	县	村	注册品牌、商标的数量（个）	新型农业经营主体参与数量（个）	产业数量（个）	产业类别		
						类别1	类别2	类别3
云南省	墨江哈尼族自治县	路水村	0	1	2	种植业	养殖业	
		竜凯村	0	4	2	种植业	养殖业	
		新华村	3	4	2	种植业	养殖业	
		雅邑村	0	5	5	种植业	养殖业	农产品加工
	凤庆县	锦秀村	3	3	3	种植业	养殖业	农产品加工
		新林村	1	5	2	种植业	养殖业	
		清水村	0	0	3	种植业	养殖业	农产品加工
		安石村	0	3	2	种植业	农产品加工	
	巍山彝族回族自治县	民建村	0	0	0			
		牛街村	0	3	2	种植业	养殖业	
		民强村	0	4	3	种植业	养殖业	农产品加工
		红旗村	1	8	2	种植业	养殖业	
	福贡县	达普洛村	0	1	0			
		米俄洛村	0	1	0			
		老姆登村	2	2	2	种植业	养殖业	
		古当村	0	0	1	种植业		

2015年贫困地区行政村集体经济收入情况								
省	县	村	总收入（万元）	1. 财政转移收入（万元）	2. 经营性净收入（万元）	3. 财产净收入（万元）	4. 帮扶收入（万元）	5. 其他收入（万元）
云南省	墨江哈尼族自治县	路水村	6.6	3.0	0	0.8	1.6	1.2
		竜凯村	3.2	3.2	0	0	0	0
		新华村	3.3	3.0	0	0.3	0	0
		雅邑村	4.7	3.0	0	0	0	1.7
	凤庆县	锦秀村	10.4	8.9	0	0.5	1.0	0
		新林村	3.0	2.0	0	0	0	1.0
		清水村	3.1	0	0.4	2.7	0	0
		安石村	13.0	3.0	0	10.0	0	0
	巍山彝族回族自治县	民建村	2.5	0	2.5	0	0	0
		牛街村	3.0	0	0	3.0	0	0
		民强村	7.0	2.0	0	2.0	3.0	0
		红旗村	1.9	1.0	0	0.5	0.4	0
	福贡县	达普洛村	0	0	0	0	0	0
		米俄洛村	0	0	0	0	0	0
		老姆登村	5.2	3.0	0	0.2	2.0	0
		古当村	5.0	0	0	5.0	0	0

2019年贫困地区行政村支柱产业发展情况									
省	县	村	参与生产经营农户数（户）	参与生产经营贫困户数（户）	带动就业人数（人）	贫困人口就业数（人）	创业致富带头人数（人）	年度总产值（万元）	年度总销售额（万元）
云南省	墨江哈尼族自治县	路水村	290	8	11	0	8	1 266.0	1 261.0
		竜凯村	404	148	18	8	6	1 168.3	1 079.0
		新华村	300	122	145	120	4	816.0	734.0
		雅邑村	530	260	22	11	3	1 675.5	1 327.4
	凤庆县	锦秀村	706	208	932	759	14	2 400.0	2 100.0
		新林村	744	61	980	110	25	2 480.0	1 488.0
		清水村	398	30	204	10	46	1 050.0	950.0
		安石村	810	70	680	45	25	4 077.0	1 677.0
	巍山彝族回族自治县	民建村	750	117	15	15	10	1 500.0	740.0
		牛街村	400	83	380	160	12	3 672.0	3 020.0
		民强村	250	150	70	40	4	860.0	750.0
		红旗村	865	154	5	5	2	2 595.0	1 816.0
	福贡县	达普洛村	442	442	120	120	8	170.0	170.0
		米俄洛村	0	0	0	0	10	656.0	656.0
		老姆登村	239	130	380	180	30	300.0	230.0
		古当村	373	275	213	642	2	262.0	300.0

2019年贫困地区行政村支柱产业发展情况（续）								
省	县	村	注册品牌、商标的数量（个）	新型农业经营主体参与数量（个）	产业数量（个）	如未形成产业，原因		
						原因1	原因2	原因3
云南省	墨江哈尼族自治县	路水村	0	3	2			
		竜凯村	0	9	2			
		新华村	12	14	2			
		雅邑村	3	17	5			
	凤庆县	锦秀村	3	6	3			
		新林村	4	12	3			
		清水村	1	4	3			
		安石村	3	10	3			
	巍山彝族回族自治县	民建村	0	4	0	缺销售渠道	缺产品认证、品牌建设	缺龙头企业带动
		牛街村	1	6	2			
		民强村	0	8	3			
		红旗村	3	12	2			
	福贡县	达普洛村	0	3	1			
		米俄洛村	0	5	1			
		老姆登村	6	7	2			
		古当村	0	1	1			

2019年贫困地区行政村产业发展预期								
省	县	村	产业1		产业2		产业3	
			类别	预期	类别	预期	类别	预期
云南省	墨江哈尼族自治县	路水村	种植业	稳定成长	养殖业	稳定成长		
		竜凯村	种植业	稳定成长	养殖业	稳定成长		
		新华村	种植业	稳定成长	养殖业	稳定成长		
		雅邑村	种植业	稳定成长	养殖业	稳定成长	农产品加工	稳定成长
	凤庆县	锦秀村	种植业	稳定成长	养殖业	稳定成长	农产品加工	稳定成长
		新林村	种植业	稳定成长	养殖业	稳定成长	农产品加工	稳定成长
		清水村	种植业	稳定成长	养殖业	稳定成长	农产品加工	稳定成长
		安石村	种植业	稳定成长	农产品加工	稳定成长	农家乐及乡村旅游	稳定成长
	巍山彝族回族自治县	民建村						
		牛街村	种植业	稳定成长	养殖业	稳定成长		
		民强村	种植业	稳定成长	养殖业	稳定成长	农产品加工	稳定成长
		红旗村	种植业	稳定成长	养殖业	稳定成长		
	福贡县	达普洛村	种植业	稳定成长				
		米俄洛村	农家乐及乡村旅游	比较不确定				
		老姆登村	农产品加工	稳定成长	农家乐及乡村旅游	稳定成长		
		古当村	种植业	稳定成长				

2019年贫困地区行政村集体经济收入情况								
省	县	村	总收入（万元）	1. 财政转移收入（万元）	2. 经营性净收入（万元）	3. 财产净收入（万元）	4. 帮扶收入（万元）	5. 其他收入（万元）
云南省	墨江哈尼族自治县	路水村	12.5	4.1	0	1.0	5.8	1.6
		竜凯村	6.2	3.0	1.1	2.1	0	0
		新华村	8.1	3.0	0	5.1	0	0
		雅邑村	8.2	3.0	0	3.5	0	1.7
	凤庆县	锦秀村	34.4	18.9	0	0.5	15.0	0
		新林村	8.2	7.7	0	0.5	0	0
		清水村	5.1	0	0.4	4.7	0	0
		安石村	18.9	3.0	0	13.9	2.0	0
	巍山彝族回族自治县	民建村	4.0	0	4.0	0	0	0
		牛街村	5.5	0	0	3.5	2.0	0
		民强村	12.0	4.0	0	2.0	6.0	0
		红旗村	3.0	0	0	3.0	0	0
	福贡县	达普洛村	27.9	9.4	0.5	18.0	0	0
		米俄洛村	5.0	0	0	0	0	5.0
		老姆登村	17.7	6.0	5.4	0.3	6.0	0
		古当村	6.3	0	0	6.3	0	0